基本パターンですらすら書ける！

英語でポジティブ日記

石原真弓 著

アルク

はじめに

　私が英語日記を始めたきっかけは、留学のためアメリカへ出発する前日に5年連用日記帳をプレゼントされたことでした。今日まで一日も欠かすことなく、現在7冊目に入っています。そして、英語日記がもたらす効果やメリットを実感し、著書やセミナーなどで広めてきました。

　そうする中で見えてきた皆さんのつまずきポイントの1つが、具体的な描写が難しいこと。短い日記に慣れてくると、もう少し詳しく書きたいという理想の英語欲が出てきますが、うまく表現できず行き詰まってしまうといった声が聞かれます。そしてそれは、英語の知識がないからというより、具体的に書くことに慣れていないだけのことも往々にしてあります。実際、学習者の方が書かれた英語日記を添削して差し上げると、「あ〜、なるほど！」「そう書きたかった！」という反応が返ってくることは珍しくありません。英語を見れば理解できるのにそのように書けない場合、頭の中を整理し、知っている英語をうまく引き出して言語化する練習を重ねることで、スムーズにアウトプットできるようになっていきます。

　本書の目的は、日常の出来事や気持ちを3文で具体的、かつ、簡潔にまとめる力を養うことです。例文を見ると分かるように、具体的な文は意味上のかたまりを組み合わせてできています。このパターンにたくさん触れ、まねして応用することが英文の構造に慣れる近道です。本書でそのコツをつかみ、脳内の英語力を十分に生かすお手伝いができればうれしく思います。

石原真弓

目次

テーマ別 3行日記を書いてみよう

1 毎日の生活

2 趣味・余暇

3 旅行・移動

6 感情

本書の特長と活用法

　英語日記を習慣にするとライティング力がつくのはもちろん、英会話やSNSでの発信にも生かすことができます。大人から学生まで英語レベルに関係なく気軽に始められ、自分のペースで続けることができるアウトプット法である一方で、どのように書いたらよいか分からない、ネタが尽きてしまう、といった声も聞かれます。そういった悩みを解決し、独習でも英語力を上げられる本書の効果的な活用法をご紹介します。

基本のパターンを繰り返し練習する

　語学の習得には反復練習が必須と言われています。本書は、日記の基本パターンを学び、入れ替え表現を参考に応用力をつけ、すらすらと日記を書けるように持っていくプロセスを踏んでいます。この繰り返しで着実な英語力をつけていきます。

3文構成で日記を書く

　テーマごとのサンプル日記をベースにして、次の3文構成で英語日記を書くことを目標にしています。

1　出来事・思ったこと

2　追加の説明・情報

3　感想・前向きコメント

　このパターンを繰り返すことで、書きたいことを頭の中で整理し、それを3文でまとめる習慣が身につきます。この思考は、日記だけに限らず会話やSNSでの発信にも役立つことでしょう。要点を絞ることは発信する場で必要になる作業です。日頃から練習していないと、さっと簡潔にまと

めるのは難しいもの。書くことを自然な形で習慣化できる日記なら、無理なくその力を養えます。

日常的な話題が豊富

　英語日記を始めた人がぶつかりやすいのが、書くことがない、何を書けばよいか分からないといった壁。旅行や記念日など、特別なことだけを書こうとするとネタ切れになってしまいます。本書の特長は、普段見たり聞いたり感じたりする「何でもないこと」も豊富に取り上げていること。これらを参考にして自分の日常に目を向けると、話題は身の回りにいろいろあることに気づくでしょう。ちょっとしたことに意識を向け、それを言語化する習慣が身につきます。

具体的な日記が書けるようになる

　シンプルな英文は辞書やフレーズ集などを参考にすれば書けますが、具体的な描写となると、なかなか書けないもの。本書のサンプル日記や入れ替え表現は、比較的具体的に書かれています。こういった例にたくさん触れることで長い英文のコツが分かり、自分流のアレンジの仕方も見えてきます。

　なお、「こんなことが書けます」「入れ替え表現集」「例えばこう書く」の日本語は、英語の直訳になっています。意訳すると、それがどこからどこまでの英語を指すのか分かりにくかったり、応用しづらくなったりする可能性があるからです。普通に読むと日本語がぎこちなかったり、堅苦しく響いたりするかもしれませんが、英語と日本語を照らし合わせやすくするためとご了承ください。

「例えばこう書く」で自分の力をチェックしてみる

　「例えばこう書く」の日本語と英語を照らし合わせながら、文の構成や表現を確認するのもよいですが、おすすめしたいのは、いったん英語の部分を隠し、日本語を見て自分ならどう表現するかトライしてみることです。英語を見るとそれほど難しく感じない場合でも、いざ自分で英語日記にチャレンジすると、急に自信がなくなったり、うまく書けなかったりすることがあります。自分の英語力を客観視することは大切です。

自分の日記を書いてみる

　解説のポイントにも目を通し、基本のパターンの理解が深まったら、入れ替え表現を参考にして diary 欄に自分の日記を書いてみましょう。インプットした内容をアウトプットしてみることで、自分の英語力が分かります。弱点にも気づくでしょう。

　自力で日記を書くのが難しければ、サンプル日記を書き写したり、基本パターンと入れ替え表現の組み合わせで架空の日記を作ったりするのもよい練習です。とにかく書いて英文の構造に慣れること。そうするうちに、自分の書きたいことをどう表せばよいか見えてくるかと思います。

前向きな気持ちになる

　うれしいこと、楽しみなこと、気になること、残念なこと、不快なこと、悔しかったことなど、日々いろいろな感情がわきます。本書は、起こったことや感じたことは素直に表現し、仮に気が沈むような事柄を取り上げた日記でも、「いい教訓になった」「気にしないようにしようっと」と前向きに捉え、気持ちが軽くなるような内容を意識しました。そういう心持ちでいると、自然に自己肯定感が上がっていき、ポジティブ思考を習慣化でき

ます。また、書くことは気持ちが落ち着いたりストレス発散になったりと精神的な側面にもプラスに作用するようです。

耳と口を使った練習もする

「こんなことが書けます」と「例えばこう書く」の英文は音声を聞くことができるので、発音練習もしてみましょう（ヘッドフォンマーク がついています）。ネイティブの発音や抑揚をまねすることで、英語らしいリズムで話すトレーニングができます。書いて、聞いて、発音すると、より脳に定着しやすくなります。

会話やSNSでも生かせる

普段から書いている表現や発音練習している文は、会話で口をついて出てきやすくなります。英会話を習っている人は、最近の出来事を話すWhat's new?の際、スムーズに話す手助けとなるはずです。また、日記を投稿したり、日本を英語で紹介したりといったSNSでの英語発信は、世界との距離を近づけ、視野を広げることにもつながります。

ダウンロード音声について

本書の音声は無料でダウンロードできます。

パソコンでダウンロードする場合

下記の「アルク ダウンロードセンター」にアクセスの上、画面の指示に従って音声ファイルをダウンロードしてください。

https://portal-dlc.alc.co.jp/

※本書の商品コード「7024014」で検索

スマートフォンでダウンロードする場合

下記のURLから学習用アプリ「booco」をインストールの上、ホーム画面下「さがす」の検索窓に本書の商品コード「7024014」を入れて検索し、音声ファイルをダウンロードしてください。

https://booco.page.link/4zHd

本書の構成と使い方

本書は、テーマごとのサンプル日記を
ベースにして、次の3文構成で英語
日記を書くことを目標にしています。

1 出来事・思ったこと

2 追加の説明・情報

3 感想・前向きコメント

1テーマにつき2ページで、「日記の基
本パターン」を学び、「入れ替え表現」
を参考に応用力をつけ、自分が書き
たいことをすらすら書けるようになる
ことを目指します。本書ではアメリカ
英語での言い方を紹介しています。

日本語タイトルはサンプル日記のテーマを表
すもので、下の英語タイトル(サンプル日記の
ポイントとなる表現=例文の色がついている
部分)の和訳ではありません。

こんなことが書けます

サンプル日記と、表現のポイントを確
認しましょう。例文の下線部A、B、C
はそれぞれ下の「入れ替え表現集」の
A、B、Cと入れ替えが可能です。

001 は「ダウンロード音声の
ファイル001を再生して
ください」という意味です。音声には、
「こんなことが書けます」のサンプル
日記、「例えばこう書く」の英語が収録
されています。

音声のダウンロード方法の案内は
p.011にあります。

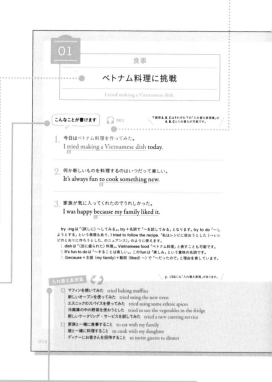

入れ替え表現集

サンプル日記の各例文の下線部の入れ替え表現例です。使いたい単語や、固有名詞、個人名などに差し替えたりして、応用力をつけましょう。	バラエティに富んだ表現を紹介するために、各例文ごとに入れ替え可能な表現を掲載しています。3文構成の日記を書く際には、つながりを考えて文を調整しましょう。	p.152からの「入れ替え表現集+」で、さらに多くの「入れ替え表現」を紹介しています。

例えばこう書く

テーマに沿った日記の例です。「こんなことが書けます」で紹介した表現や、さらにバリエーションを持たせた表現を掲載しています。いったん英語を隠し、「Hint」を参考に自分ならどう表現するかトライしてみるのもおすすめです。

コラム　p.048、p.076、p.106、p.120

英語日記のメリットや効果、楽しく続けるためのヒントなどを取り上げた読み物です。

入れ替え表現集＋　p.152〜p.183

p.014〜p.150の「こんなことが書けます」の「入れ替え表現」A、B、Cです。

diary

「こんなことが書けます」「入れ替え表現集」「例えばこう書く」を参考に自分の日記を書いてみましょう。その日のテーマに沿ったものでも、テーマにこだわらずにその日に書きたいことでもいいです。

「DATE:」は日付の記入欄です。アメリカでは「月（短縮形でも可）、日、コンマ(,)、年」の順に書くのが一般的です。
例：2024年3月15日
→March 15, 2024
（またはMar. 15, 2024）

食事

ベトナム料理に挑戦

I tried making a Vietnamese dish.

こんなことが書けます　 001

下線部 **A**、**B**、**C** はそれぞれ下の「入れ替え表現集」の **A**、**B**、**C** と入れ替えが可能です。

1. 今日はベトナム料理を作ってみた。
   I tried making a Vietnamese dish today.
   A

2. 何か新しいものを料理するのはいつだって楽しい。
   It's always fun to cook something new.
   B

3. 家族が気に入ってくれたのでうれしかった。
   I was happy because my family liked it.
   C

try -ing は「（試しに）〜してみる」。try ＋名詞で「〜を試してみる」となります。try to do「〜しようとする」という表現もあり、I tried to follow the recipe.「私はレシピに従おうとした（→レシピのとおりに作ろうとした、のニュアンス）」のように使えます。
1. dish は「（皿に盛られた）料理」。Vietnamese food「ベトナム料理」と表すことも可能です。
2. It's fun to do は「〜することは楽しい」。この fun は「楽しみ」という意味の名詞です。
3. 〈because ＋主語（my family）＋動詞（liked）〜〉で「〜だったので」と理由を表しています。

入れ替え表現集

p. 152 にも「入れ替え表現」があります。

A マフィンを焼いてみた　tried baking muffins
　新しいオーブンを使ってみた　tried using the new oven
　エスニックのスパイスを使ってみた　tried using some ethnic spices
　冷蔵庫の中の野菜を使おうとした　tried to use the vegetables in the fridge
　新しいケータリング・サービスを試してみた　tried a new catering service

B 家族と一緒に食事すること　to eat with my family
　娘と一緒に料理すること　to cook with my daughter
　ディナーにお客さんを招待すること　to invite guests to dinner

「こんなことが書けます」
「入れ替え表現集」
「例えばこう書く」を参考に
日記を書いてみましょう。

例えばこう書く

 002

今日はケータリングのアプリを使ってみた。オンラインで食べ物を注文するのは簡単だった。食べ物がおいしかったので満足した。

I tried using a catering app today. It was easy to order food online. I was satisfied because the food was good.

Hint　ケータリングのアプリ：catering app　　オンラインで（副詞）：online　　満足して：satisfied

---

diary　　　　　　　　　　　DATE:

何かおいしいものを食べること　to have something tasty
新しいレシピを考えること　to think up a new recipe

C　料理がとてもおいしかったので　because the dish tasted great
息子がニンジンを食べてくれたので　because my son ate the carrots
娘が料理をほめてくれたので　because my daughter praised it
レシピに従うのが簡単だったので　because the recipe was easy to follow
家族が料理を全部食べてくれたので　because my family ate it all up

02

通勤

座れてラッキー

I took the 7:30 train.

こんなことが書けます 003　　　下線部 A、B、C はそれぞれ下の「入れ替え表現集」の
A、B、C と入れ替えが可能です。

1. 今朝、いつものように 7 時半の電車に乗った。
   This morning, I took the 7:30 train as usual.
   　　　　　　　 ⎣__A__⎦

2. ラッキーなことに、混んでいる電車で空いている席を見つけた。
   Luckily, I found a seat on the crowded train.
   　　　　　　 ⎣_____B_____⎦

3. そのおかげで、いい気分で一日を始めることができた。
   Thanks to that, I was able to start the day in a good mood.
   　　　　　　　　　　　　 ⎣_____C_____⎦

take a train[bus] で「電車 [バス] に乗る」。take の代わりに ride を使うこともできます。
1. as usual は「いつものように」。
2. luckily は副詞で「運よく、ラッキーなことに」。通常は文頭で使います。
3. thanks to 〜「〜のおかげで」。thanks to her「彼女のおかげで」のようにも使えます。be able to do は「〜することができる」。過去形で「〜することができた」とする場合は was[were] able to do の形にします。in a good[bad] mood は「いい [いやな] 気分で」。

入れ替え表現集 ↻　　　　　　p. 152 にも「入れ替え表現」があります。

A 急行電車に乗った　took an express train
　　山手線に乗った　took the Yamanote Line
　　横浜まで電車で行った　took a train to Yokohama
　　歩く代わりにバスに乗った　took a bus instead of walking
　　駅まで歩いた　walked to the station
　　電車に乗り遅れた　missed the train

B 出口近くの席を見つけた　I found a seat near the exit
　　9 時前に職場に着いた　I got to work before 9:00

☆ ☆

日記を書こう！

「こんなことが書けます」
「入れ替え表現集」
「例えばこう書く」を参考に
日記を書いてみましょう。

例えばこう書く

🎧 004

今日はいつもより早く目が覚めた。だから、バスに乗る代わりに駅まで歩いて行った。その運動のおかげで、一日中とてもいい気分だった！

Today, I woke up earlier than usual. So I walked to the station instead of riding the bus. Thanks to that exercise, I felt great all day!

Hint　より早く：earlier　　〜の代わりに：instead of 〜　　運動：exercise　　一日中：all day

---

diary

DATE:

折り畳み傘を持っていた　I had a folding umbrella with me
道路は渋滞していなかった　the road was not jammed
バスは混んでいなかった　the bus was not crowded

C　次のバスに乗る　catch the next bus
　電車の中で本を読む　read a book on the train
　在宅勤務をする　work from home
　終電に乗る　catch the last train

仕事——1

ふぅ、終わった！

I managed to finish the job.

こんなことが書けます 005

下線部 **A**、**B**、**C** はそれぞれ下の「入れ替え表現集」の
A、**B**、**C** と入れ替えが可能です。

1. 今朝、上司が私にすごくたくさん仕事を与えた。
   My boss gave me so many assignments this morning.
   A

2. でも、時間どおりにどうにか終わらせることができた。
   But I managed to finish them on time.
   B

3. 自分のことをほめてもいいなと思う！
   I think I should tell myself, "Good job!"
   C

　manage to do は「どうにか～する、何とか～する」という意味を表し、苦労や困難の末に成し遂げたことに使います。I managed to pass the promotion test. だと「どうにか昇進試験に合格した」という意味になります。

1. 〈give ＋人＋もの〉「人にものを与える」の語順に注意。

2. on time は「時間どおりに」。in time は「間に合って」という意味で、I finished them in time for lunch.「昼食の時間までにそれらを仕上げた」のように使えます。

3. ここでは「自分のことをほめる」を「自分自身に"よくがんばった"と言う」と表現しています。
   I think I should ～ は、「～したほうがいいと思う」といった意味です。

入れ替え表現集

p. 152 にも「入れ替え表現」があります。

A 私にチェックすべき報告書を与えた　gave me some reports to check
　　私に指示を与えた　gave me some instructions
　　私に会議に出席するように言った　told me to attend the meeting
　　私にビジネスレポートを書くように頼んだ　asked me to write a business report

B どうにかそれを完成させることができた　managed to complete it
　　どうにか新規契約を得ることができた　managed to get the new contract
　　それは明日やることにした　have decided to work on it tomorrow

☆ ☆

日記を書こう！

「こんなことが書けます」
「入れ替え表現集」
「例えばこう書く」を参考に
日記を書いてみましょう。

例えばこう書く

 006

上司が私に次の会議でプレ
ゼンをするように言った。プ
レゼンにたくさんの視覚資
料を使うことに決めた。い
い仕事ができるといいなあ！

My boss told me to make a
presentation at the next meeting. I've
decided to use a lot of visuals for it. I
hope I can do a good job!

Hint　プレゼン（テーション）：presentation　　視覚資料：visuals

diary

DATE:

早く家に帰るつもりだった　expected to go home early

自分のことをほめてもいいな！　I should praise myself!
自分に拍手を送ってもいいなと思う！　I think I should give myself a hand!
自分を誇りに思った。　I was proud of myself.
彼／彼女から大いに感謝されるべきだ。　I should receive a big thank you from
him/her.

04

仕事——2

今日会った人

the person I met there

こんなことが書けます 007

下線部 A、B、C はそれぞれ下の「入れ替え表現集」の
A、B、C と入れ替えが可能です。

1. ネットワーク・システムをチェックするためにクライアントのオフィスに行った。
   I visited our client's office to check the network system.
   <u>A</u>

2. そこで会った人はとっても親切でイケメンだった。
   The person I met there was very nice and good-looking.
   B

3. またすぐ彼に会いたいな!
   I'd like to see him again soon!
   C

The person (whom) I met there「私がそこで会った人」では、I met there（私がそこで出会った）が直前の The person を修飾しています。カッコ内の関係代名詞が省略されていると考えることができます。

1. to check the network system は to 不定詞を使って「〜するために」という目的を表しています。

3. I'd like to do「〜したい」は I want to do よりも丁寧に聞こえる表現です。

p. 153 にも「入れ替え表現」があります。

入れ替え表現集

A　ビジネスのプランを紹介するために　to introduce our business plan
　　彼らに最新の提案をするために　to give them our latest proposal
　　部品を配達するために　to deliver some parts
　　契約を結ぶために　to make a contract
　　価格を交渉するために　to negotiate the price

B　私が会いたかった人　The person I wanted to meet
　　私が会う必要のあったエンジニア　The engineer I needed to see

日記を書こう！

例えばこう書く

 008

今日、私たちは今度の販促活動を話し合うために会議をした。一緒に働いている営業部長は素晴らしいリーダーだ。いつか、私も彼女のようになりたいな。

Today, we had a meeting to discuss the upcoming sales promotion. The sales manager I'm working with is a great leader. Someday, I'd like to be like her.

Hint 今度の、近々ある：upcoming　　販促活動：sales promotion

---

diary　　　　　　　　　　　DATE:

私が前回の訪問でよく覚えている事務員　The clerk I remembered well from a previous visit
私が約束していた部長　The manager I had an appointment with
私が話した人　The person I talked with
C　彼と話す機会を持つ　have a chance to talk with him
彼のことをもっと知る　get to know him better
彼にありがとうと言う　say thank you to him
彼をデートに誘う　ask him for a date

05

家事

部屋はいい感じ

The room looks perfectly tidy.

こんなことが書けます 009

> 下線部 **A**、**B**、**C** はそれぞれ下の「入れ替え表現集」の **A**、**B**、**C** と入れ替えが可能です。

1. 今週土曜に、いとこたちが来る。
   My cousins are coming this Saturday.
   <small>A</small>

......

2. だから今日はリビングをそうじした。
   So I cleaned our living room today.
   <small>B</small>

......

3. 今、部屋はとてもきちんとして見える。
   Now the room looks perfectly tidy.
   <small>C</small>

look（〜に見える）は、見た目の印象や様子を伝えるときに使います。great（素晴らしい）、expensive（高価な）、interesting（興味深い）、scary（怖い）などの形容詞を続けます。

1. are coming のような現在進行形で、「予定」を表すことができます。
2. So は前の文を受けて「それで、だから」という意味で用いることができます。
3. この perfectly は「とても、まったく」という意味で強調のために使われています。really「本当に、とても」を使って強調することもできます。

入れ替え表現集

> p.153 にも「入れ替え表現」があります。

A おばがうちに来る　My aunt is visiting my place
   息子が友達を連れて来る　My son is bringing his friends
   私たちはパーティーをする　We are having a party
   ミカがうちに来たがっている　Mika wants to come to my place
   同僚が立ち寄るかもしれない　My co-worker might drop by

B 全てのシーツを洗った　I washed all the sheets
   床にそうじ機をかけた　I vacuumed the floor
   全ての冬服をしまった　I put away all the winter clothes

日記を書こう！

「こんなことが書けます」
「入れ替え表現集」
「例えばこう書く」を参考に
日記を書いてみましょう。

例えばこう書く

 010

両親が鹿児島から私を訪ね
てくる。だから、両親のため
に、今日は毛布を外に干し
た。これで彼らを迎える準
備完了！

My parents are visiting me from Kagoshima. So I aired out the blankets for them today. Now, I'm ready to welcome them.

Hint　〜を外に干す：air out 〜　　〜を迎える：welcome

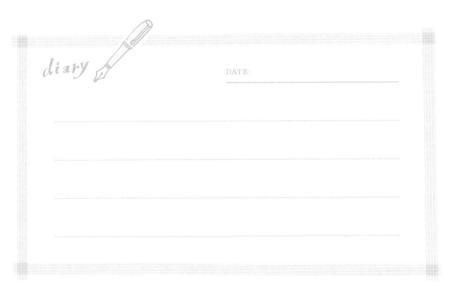

diary

DATE:

夏服をクリーニングに出した　I took my summer clothes to the dry cleaner
庭の雑草を取った　I got rid of the weeds in the garden
風呂場のカビを取った　I removed the mold from the bathroom

C　わが家は素晴らしく見える　my house looks great
リビングは居心地よく見える　the living room looks cozy
シーツはいい香りがする　the sheets smell nice
毛布は柔らかな手触りだ　the blanket feels soft
部屋でリラックスできる　I can relax in my room

06

天候

寒っ！

It's getting colder and colder.

こんなことが書けます　 011

下線部 **A**、**B**、**C** はそれぞれ下の「入れ替え表現集」の
A、**B**、**C** と入れ替えが可能です。

1. 最近、ますます寒くなってきている。
   <u>It's getting colder and colder</u> these days.
   A

2. 今日、ウールのコートを着始めた。
   <u>I started to wear my wool coat</u> today.
   B

3. このコートで去年のクリスマスを思い出すなあ。
   <u>This coat reminds me of last Christmas.</u>
   C

　get 〜は「（ある状態）になる」。〈比較級＋and＋比較級〉は「ますます〜」。be getting colder and colderだと「ますます寒くなっている」という意味になります。
1. these daysは「この頃、最近」。
2. start to doで「〜し始める」という意味を表します。
3. 〈A remind＋人＋of B〉は「Aは人にBを思い出させる、人はAでBを思い出す」という意味になります。

入れ替え表現集

p. 153にも「入れ替え表現」があります。

A 暖かくなってきている　It's getting warm
　少し涼しくなってきている　It's becoming a bit cool
　天気がいい　The weather is nice
　天気が悪い　We're having bad weather
　よく雨が降っている　It's raining a lot

B エアコンを使い始めた　started to use the air conditioner
　短パンをはき始めた　started to wear my shorts
　冬用の手袋を1組買った　bought a pair of winter gloves

「こんなことが書けます」
「入れ替え表現集」
「例えばこう書く」を参考に
日記を書いてみましょう。

例えばこう書く

 012

今朝は本当に寒かった。目
は覚めていたけれど、布団
から出られなかった。早く
暖かくなるといいな。

It was really cold this morning. I couldn't get out of my futon, even though I was awake. I hope it warms up soon.

Hint 　〜だけれど：even though 〜　　　目が覚めて：awake

---

diary　　　　　　　　　　DATE:

羽毛布団を出した　took out my down comforter
ベッドから出たくなかった　didn't want to get out of bed
洗濯ものを外に干せない　can't hang the laundry outside
C　パリ旅行を思い出させる　reminds me of my trip to Paris
故郷の冬を思い出させる　reminds me of the winter in my hometown
自分をおしゃれに見せてくれる　makes me look fashionable
心地よい気分にしてくれる　makes me feel good
とても暖かくしておいてくれる　keeps me very warm

07

テレビ番組

毎週の楽しみ

watching my favorite actor in that drama

こんなことが書けます 013　下線部 **A**、**B**、**C** はそれぞれ下の「入れ替え表現集」の**A**、**B**、**C** と入れ替えが可能です。

1. いつもより早く夕食を終えて皿を洗った。
I finished dinner and did the dishes earlier than usual.
 A

2. だから、毎週楽しみにしているテレビドラマを集中して見られた。
So I was able to focus on watching the TV drama I look
forward to every week.
 B

3. そのドラマで大好きな俳優を見ることがいつも喜びだ。
Watching my favorite actor in that drama is always a joy.
 C

　3番目の文は、動名詞（-ing）を使った Watching my favorite actor in that drama「そのドラマで大好きな俳優を見ること」というかたまりが文の主語になっています。ドラマや俳優の固有名詞を加えてもいいですね。

1. do the dishes は「皿を洗う」という表現。earlier than 〜は「〜よりも早く」という意味で、ここでは usual を入れて「いつもより早く」を表しています。
2. focus on 〜「〜に集中する」の〜の部分には名詞や動名詞を置くことができます。
3. joy は「喜びをもたらすもの」。

p. 154 にも「入れ替え表現」があります。

入れ替え表現集

A いつもより早く帰宅できた　was able to come home earlier than usual
8時前に夕食を作り終えた　finished preparing dinner before 8:00
日曜夜のテレビドラマをすごく見たかった　really wanted to watch the Sunday night TV drama
インターネットでその番組をもう一度見た　watched the program again on the internet

B 筋を負うのに集中する　focus on following the story
テレビの画面に集中する　focus on the TV screen

☆ ☆

日記を書こう！

「こんなことが書けます」
「入れ替え表現集」
「例えばこう書く」を参考に
日記を書いてみましょう。

例えばこう書く

 014

今夜の音楽番組を楽しみに
していた。私の大好きなア
イドルグループ が パフォー
マンスをする予定だったか
らだ。彼らを応援するのが
私の生きがい。

→

I had been looking forward to
tonight's music program. That's
because my favorite idol group was
going to be performing. Cheering for
them is what motivates me in life.

Hint　それは〜だからだ：That's because 〜　　〜を応援する：cheer for 〜
　　　生きがい（直訳：人生において私をやる気にさせるもの）：what motivates me in life

diary　　　DATE:

トーク番組で"推し"の俳優を見て楽しむ　enjoy watching my fave actor on the talk
show
みんなが話題にしているドラマを見る　watch the drama everyone's been talking
about
C 感動的なラブストーリーを見ること　Watching a moving love story
イケメンの俳優たちを見ること　Looking at good-looking actors
友人とドラマについて話すこと　Talking about dramas with friends

08

体調

今日は二日酔い

I had a hangover.

こんなことが書けます 015

下線部 **A**、**B**、**C** はそれぞれ下の「入れ替え表現集」の
A、**B**、**C** と入れ替えが可能です。

1. 今日は二日酔いだったので、あまり食欲がなかった。
I had a hangover today, so I didn't have much appetite.
A

2. 今夜は早く寝たほうよさそう。
I should go to bed early tonight.
B

3. 明日の朝までによくなっているといいけど。
I hope I'll be all right by tomorrow morning.
C

　動詞 have で「(病気) にかかっている」、「(症状・痛み) がある」という意味を表すことができます。
have a cold なら「風邪をひいている」、have a pain なら「痛みがある」となります。
1. appetite は「食欲」です。have a good appetite なら「食欲旺盛だ」、lost my appetite なら
　「食欲がなくなった」ということです。
2. I should ～ は「私は～したほうがいい」と、自分に何か言い聞かせるときに使えます。
3. I hope (that) ～ に文を続けると、「～だといいな」と望みや期待を表すことができます。

入れ替え表現集

p. 154 にも「入れ替え表現」があります。

A ひどい頭痛がした　I had a bad headache
微熱があった　I had a slight fever
のどに痛みがあった　I had a pain in my throat
腰が痛かった　I had a lower back pain
風邪をひいた　I caught a cold

B 今夜は十分な睡眠を取るようにする　try to get enough sleep tonight
明日医者に診てもらう　go see a doctor tomorrow
風邪薬を飲む　take some cold medicine

「こんなことが書けます」
「入れ替え表現集」
「例えばこう書く」を参考に
日記を書いてみましょう。

☆ ☆

例えばこう書く

 016

風邪をひいているので、夫がおかゆを作ってくれた。おかゆのおかげで、今は気分がずっといい。具合が悪いときには夫がとても優しくしてくれるのでありがたい。

⇒

I have a cold, so my husband made me some rice porridge. Thanks to the porridge, I feel much better now. I'm grateful my husband is extra kind to me when I'm sick.

Hint　おかゆ：rice porridge　　ありがたく思う、感謝する：be grateful
とても、格別に：extra

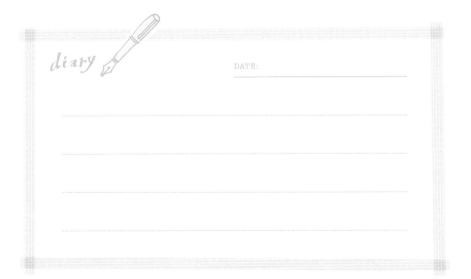

diary　　　　　　　　　　DATE:

明日、休みを取る　take a day off tomorrow
今日は寝て安静にする　rest in bed today
脂っぽい食べ物を避ける　avoid greasy foods
C　数日でよくなるだろう　I'll be well in a few days
明日は出勤できるだろう　I'll be able to go to work tomorrow
痛みはすぐになくなるだろう　the pain will go away soon
薬で咳が止まるだろう　the medicine will stop my cough
この薬は効きめがある　this medicine is effective

09

隣人

ご近所さんとはいい関係

keep on good terms with my neighbors

こんなことが書けます 🎧 017

下線部 A、B、C はそれぞれ下の「入れ替え表現集」の A、B、C と入れ替えが可能です。

1. 隣の人がうちの前の落ち葉を掃いてくれた。

My next-door neighbor swept the fallen leaves from the front of my house.
    _A

2. お返しに彼女にリンゴをあげた。

I gave her some apples in return.
  _B

3. 近所の人たちと仲よくしておくのはいいことだな。

It's good to keep on good terms with my neighbors.
    _C

keep on good terms with ～で「～とよい関係を保つ」。名詞 terms には「関係」という意味があり、複数形で使います。keep の代わりに be 動詞を用いて、I'm on good terms with my stepmother. 「私は義母と仲がいい（＝よい関係だ）」のような使い方もできます。

1. my next-door neighbor で「隣の人」。単に neighbor とすると「近所の人」という意味になります。sweep「（ほうきなどで）～を掃く」の活用は sweep-swept-swept です。
2. in return「お返しに」は覚えておくと便利な表現です。
3. It's good to do で「～するのはよい」。

入れ替え表現集

p. 154 にも「入れ替え表現」があります。

A 歩道の雪かきをしてくれた　shoveled the snow from the sidewalk
自分の庭から野菜を持ってきてくれた　brought me some vegetables from her garden
回覧板を持ってきてくれた　handed me a circular
通りであいさつしてくれた　greeted me on the street

B 旅行のお土産を彼女にあげた　gave her a souvenir from my trip
お礼を言うために彼女に電話した　called her to say thank you

日記を書こう！

「こんなことが書けます」
「入れ替え表現集」
「例えばこう書く」を参考に
日記を書いてみましょう。

☆ ☆

例えばこう書く

 018

隣の人は阿波踊りのチーム
に入っている。彼女に練習
に連れて行ってくれるよう
頼んだ。地元のお祭りで踊
るのが私の夢だ。

My next-door neighbor belongs to an Awa Dance team. I asked her to take me to one of their practices. It's my dream to dance at our local festival.

Hint 阿波踊りのチーム [連] ：Awa Dance team　　地元の：local

diary

DATE:

清掃活動に参加した　participated in a cleanup activity
町内の子ども会を手伝った　helped the children's association in my neighborhood

C フレンドリーな町内に住むこと　to live in a friendly neighborhood
誰か頼りにできる人がいること　to have someone I can rely on
隣に誰が住んでいるか知っていること　to know who's living next door
地域に貢献すること　to contribute to my community

10

髪形はバッチリ

I had a plenty of time to do my hair.

こんなことが書けます 🎧 019

下線部 **A**、**B**、**C** はそれぞれ下の「入れ替え表現集」の
A、**B**、**C** と入れ替えが可能です。

1. 今朝は髪の毛を整える時間が十分にあった。
I had plenty of time to do my hair this morning.
A

2. オフィスに行く前に新しいヘアスタイルを試してみた。
I tried out a new hairstyle before going to the office.
B

3. 髪形を変えることで確かに気分が変わった!
Changing my hairstyle did change my mood!
C

time to do で「～するための時間」。have plenty of time to do なら「～するための十分な [たくさんの] 時間がある」、do not have any time to do なら「～するための時間がない」となります。
1. do my hair は「髪を整える」。fix my hair でも同じ意味を表せます。
2. hairstyle の同義語に hairdo があります。a good hair day「髪形が決まる日→ついている日」、a bad hair day「髪形決まらない日→ついていない日」という表現も覚えておくといいですね。
3. did change は動詞 changed を強調した形です。この did は「確かに、本当に」という意味で使われています。I do like your hairstyle. だと「あなたの髪形、本当にいいわね」という意味になります。

入れ替え表現集 🔄

p. 155にも「入れ替え表現」があります。

A 化粧をする時間が十分にあった　had plenty of time to put my makeup on
服を選ぶ時間が十分にあった　had enough time to choose what to wear
自分の髪形をチェックする時間がなかった　didn't have any time to check my hairdo
鏡を見る時間がなかった　didn't have any time to look in a mirror

B 光沢のある口紅をつけた　put on some glossy lipstick
濃いマスカラをつけた　put on some heavy mascara

☆ ☆

「こんなことが書けます」
「入れ替え表現集」
「例えばこう書く」を参考に
日記を書いてみましょう。

例えばこう書く

外出する前におしゃれする
時間がたくさんあった。鏡
の前で何着かの服を試して、
最終的に赤のドレスを選ん
だ。友人たちはそのドレスが
私に似合うと言ってくれた！

I had a lot of time to dress up before going out. I tried on several outfits in front of the mirror and finally decided on the red dress. My friends said the dress suited me!

Hint　おしゃれする : dress up　　何着かの服 : several outfits　　最終的に : finally
（たくさんの選択肢の中から）～を選ぶ : decide on ～　　～に似合う : suit

diary

DATE:

高級な香水を吹きつけた　sprayed myself with some fancy perfume
韓国の会社のチークをつけた　applied some blush from a South Korean company
C 確かに私を元気づけてくれた　did cheer me up
確かに気分を上げてくれた　did lift my spirits
本当に新鮮な気分になった　really made me feel refreshed
本当にいい考えだった　was a really good idea

11

多忙な一日

I had a hectic day.

こんなことが書けます 🎧 021

下線部 **A**、**B**、**C** はそれぞれ下の「入れ替え表現集」の
A、**B**、**C** と入れ替えが可能です。

1. 日帰り出張のせいで、今日はものすごく忙しい一日だった。
   Because of a one-day business trip, I had a hectic day today.
   <u>A</u>

···

2. へとへとだけど、今は達成感があるなあ。
   I'm exhausted, but I now have a sense of achievement.
   <u>B</u>

···

3. 1杯のホットチョコレートが私を癒やすのに役立った。
   A cup of hot chocolate helped to soothe me.
   <u>C</u>

have a 〜 day は直訳だと「〜な一日を過ごす」となります。hectic は「ものすごく忙しい」とい
う意味です。ちなみに have a slow day なら「暇な一日を過ごす」ということです。
1. because of 〜「〜のため、〜のせいで」で原因を表します。〜には名詞を入れましょう。
2. exhausted「疲れ果てた」を使うと、単に tired「疲れた」とするよりも、へとへと感が出ます。
   a sense of 〜は「〜の感じ」。a sense of achievement[accomplishment] で「達成感」とな
   ります。
3. hot chocolate は温かいチョコレートドリンクのこと。冷たいものは chocolate milk と言いま
   す。soothe は「〜を落ち着かせる、〜を癒やす」という意味です。

入れ替え表現集 🔄

p. 155 にも「入れ替え表現」があります。

A かなり忙しい一日だった　had quite a busy day
　　 のんびりした一日だった　had an easy day
　　 ワクワクする一日だった　had an exciting day
　　 苦労した　had a hard time

B 今は満足感がある　now feel a sense of satisfaction
　　 今は大きな達成感がある　now feel a sense of great accomplishment

日記を書こう！

「こんなことが書けます」
「入れ替え表現集」
「例えばこう書く」を参考に
日記を書いてみましょう。

例えばこう書く

 022

初めてホットヨガ教室に参加したのでワクワクする一日だった。トレーニングはきつかったけど、とてもさわやかな気分がした。夕食後に自分へのごほうびにスイーツを食べよう。

I had an exciting day because I participated in a hot yoga class for the first time. The training was hard, but I felt very refreshed. I'm going to reward myself with some sweets after dinner.

Hint　初めて：for the first time　　さわやかな気分がする：feel refreshed　　ほうび：reward

diary　　　　　　　DATE:

今は充実感がある　now have a sense of fulfillment
今は自分に満足している　now feel good about myself

C　温かいお風呂　A hot bath
かわいい愛犬　My cute dog
ネコの動画　Videos of cats
チョコレートひとかけら　A bit of chocolate

12

小さな発見

偶然見つけた古い喫茶店

I came across an old coffee shop.

こんなことが書けます 023

下線部 A、B、C はそれぞれ下の「入れ替え表現集」の
A、B、C と入れ替えが可能です。

1. オフィスの近くで古い喫茶店を見つけた。

I came across an old coffee shop near my office.
   A

---

2. ちょっと不安だったけど、思い切って入ってみた。

I was a bit nervous, but I dared to go in there.
   B

---

3. そこの雰囲気がとても素晴らしかったので、もう一度そこに行こう。

Its atmosphere was so fabulous that I'll visit it again.
   C

   come across 〜には「〜を（偶然）見つける」という意味以外に、「〜に出くわす」という意味も
あり、I came across my co-worker on the street. 「通りで同僚に出くわした」のように使うこと
もできます。
   2. a (little) bit は「少し」。dare to do は「思い切って〜する、あえて〜する」という意味を表しま
す。この to は省略することもあります。
   3. so 〜 that ... 「とても〜なので…」という表現を使えるようになりましょう。〜の部分には形
容詞か副詞が入ります。

p. 156 にも「入れ替え表現」があります。

入れ替え表現集

A 小さなブティックを見つけた　came across a small boutique
2 匹の子ネコと出会った　came across two kittens
たまたまアンティーク店を見つけた　happened to find an antique shop
公園でたまたま年配の女性の隣に座った　happened to sit next to an older lady in a
park

B 思い切ってそのイヌをなでた　I dared to pat the dog
彼女に話しかける勇気を出すことができた　I found the courage to talk to her

☆ ☆

例えばこう書く

 024

近所でたまたまお地蔵さん
を見つけた。お地蔵さんの
前にあめがお供え物として
置かれていたので、ほほ笑
まずにはいられなかった。そ
のお地蔵さんがとてもかわ
いかったので、何枚か写真
を撮った。

I happened to find an old Jizo statue in my neighborhood. Some candies had been left as offerings in front of it, so I couldn't help smiling. The statue was so cute that I took some photos of it.

Hint　お地蔵さん：Jizo statue（statue は「像」）　　お供え物：offerings

「こんなことが書けます」
「入れ替え表現集」
「例えばこう書く」を参考に
日記を書いてみましょう。

diary

DATE:

勇気を出して写真を撮った　I forced myself to take some photos
勇気を出して扉を開けた　I forced myself to open the door

C 友人たちにそこのことを教えてあげた　I told my friends about it
インスタに写真を上げなきゃ　I'll have to post some photos on my Instagram
そこは人気が出るだろう　it will become popular
そこは私のお気に入りの場所になった　it has become my favorite place
そこは私の秘密の穴場になった　the place has become my best-kept secret

13

街中で

あんなふうに年を重ねたい

I was impressed by her.

こんなことが書けます 025

下線部 **A**、**B**、**C** はそれぞれ下の「入れ替え表現集」の
A、**B**、**C** と入れ替えが可能です。

1. 青山の通りでとってもおしゃれな年配の女性を見かけた。
   I saw a very fashionable older lady on the street in Aoyama.
   A

---

2. 彼女の鮮やかな色の服装と髪に感動した。
   I was impressed by her brilliant-colored outfit and hair.
   B

---

3. 年齢を重ねたら彼女のようになりたいなあ。
   I'd like to be like her when I get older.
   C

be impressed by 〜は「〜に感銘を受ける、〜に感動する」という意味です。

2. brilliant は「鮮やかな、光り輝く」。bright「明るい」よりももっと明るいイメージを持つ語です。
   outfit「服装」は上下含めた服装一式を表します。ここでは clothes「衣服」と言い換えることも可能です。

3. when I get older「私がもっと年配になったら＝年を重ねたら」のように、when で「〜したら」
   という意味を表す場合（＝副詞の働き）は、これから先のことでも動詞は get のように現在形
   にします。if で「もし〜なら」という意味を表す場合も、例えば if I go to Aoyama tomorrow
   「もし明日青山に行くなら」のように、動詞は現在形にします。

入れ替え表現集

p. 156 にも「入れ替え表現」があります。

A イタリアンレストランで食事をした　dined at an Italian restaurant
   靴を買いに行った　went to buy a pair of shoes
   アートギャラリーに行った　visited an art gallery
   劇場で劇を見た　saw a play at a theater

B 〜に強い感銘を受けた　was struck by
   〜を見て驚いた　was surprised to see

038

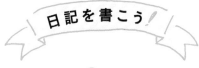

☆ ☆

「こんなことが書けます」
「入れ替え表現集」
「例えばこう書く」を参考に
日記を書いてみましょう。

例えばこう書く

 026

高級レストランの前で有名俳優を見かけた。彼はとても美しくて、私は彼のオーラに圧倒された！ 彼が私を見た時、自分は手を振ることしかできなかった。

I saw a famous actor in front of an expensive restaurant. He was gorgeous, and I felt overwhelmed by his aura! I couldn't do anything but wave my hand when he looked at me.

Hint とても美しい：gorgeous　～を圧倒する：overwhelm　オーラ：aura
～することしかできない：can't do anything but do　手を振る：wave one's hand

diary　　　　　DATE:

～にびっくりした　was amazed at
～に心を動かされた　was touched by

C　彼女のようにおしゃれをしたい　I'd like to dress up like her
この出来事を振り返るだろう　I'll look back on this event
活動的な生活をするだろう　I'll live an active life
自分の年齢を気にしないだろう　I won't care about my age

14

ワークライフ・バランス

丁寧な生活をする

live a mindful life

こんなことが書けます 027

下線部 A、B、C はそれぞれ下の「入れ替え表現集」の
A、B、C と入れ替えが可能です。

1. 私は丁寧な生活をすることに決めた。
   I've decided to live a mindful life.
   A

2. この目標を達成するためにはワークライフ・バランスを維持する必要がある。
   To achieve this goal, I need to maintain a work-life balance.
   B

3. 第一歩として、全ての有給休暇を消化しよう。
   As a first step, I'll use all my paid vacation days.
   C

   live a 〜 life は「〜な生活をする」という意味で、よく用いられる言い回しです。live a peaceful life なら「穏やかな生活をする」という意味になります。
   1. mindful「気を配った、意識した」には「今起こっていることを意識する」というニュアンスがあるため、日本語の「丁寧な生活」は mindful life で表すとぴったりです。
   2. achieve は「(目標・目的など)を達成する」。maintain「〜を維持する」は maintain my health「健康を維持する」、maintain peace「平和を維持する」のような使い方ができます。
   3. as a first step は「第一歩として」。ここでは to start with「手始めに」という表現も使えます。paid vacation は「有給休暇」です。

入れ替え表現集

p. 157 にも「入れ替え表現」があります。

A ワクワクする生活をする　live an exciting life
　くつろいだ生活をする　live a relaxed life
　活動的な生活を送る　lead an active life
　よりストレスの少ない生活を送る　lead a less stressful life

B 自分の日課を維持する　maintain my daily routine
　自分の時間を維持する　maintain my private time

「こんなことが書けます」
「入れ替え表現集」
「例えばこう書く」を参考に
日記を書いてみましょう。

☆ ☆

例えばこう書く

 028

子どもたちともっと多くの時間を過ごしたい。だから、職場のフレックスタイム制を使って8時から働き始めよう。その結果、もっと早く帰宅して、子どもたちともっと話せるだろう。

→

I want to spend more time with my kids. So I'll use a flextime system at work and start working from 8:00. As a result, I'll be able to come home earlier and talk with them more.

Hint フレックスタイム制：flextime system　職場で：at work　その結果：as a result

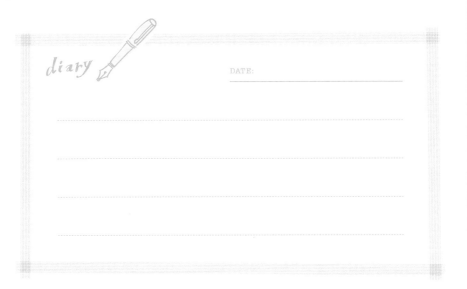

diary

DATE:

運動する時間を作る　make time to do some exercise
仕事と生活を区別する　distinguish between work and life

C 仕事の後にジムに通い始めよう　I'll start going to a gym after work
家族と一緒にいる時間を増やそう　I'll spend more time with my family
休暇中に長い旅に出よう　I'll go on a long trip during my vacation
家では仕事の話をしないようにしよう　I won't talk about work at home

体の健康

エレベーターより階段

take the stairs instead of the elevator

こんなことが書けます　🎧 029

下線部 **A**、**B**、**C** はそれぞれ下の「入れ替え表現集」の **A**、**B**、**C** と入れ替えが可能です。

1. 健康診断の結果を受け取った。
   I received the results of my medical checkup.
   <u>A</u>

2. やった！　今年の結果は去年の結果よりもよかった。
   Yay! This year's results were better than last year's.
   <u>B</u>

3. それはたぶん、今はいつもエレベーターの代わりに階段を使っているからだ！
   That's probably because I now always take the stairs instead of
   the elevator!
   <u>C</u>

instead of ～は「～の代わりに」。the elevatorのような名詞を続けることも、動名詞（動詞の -ing形）を続けることもできます。

1. 健康診断は medical checkup、health checkup、physical checkup などで表します。
2. この文は this year's results「今年の結果」と last year's (results)「去年の（結果）」を比べています。last year's に続く results は同じ名詞の繰り返しのため、省略されています。
3. That's probably because ～は「それはたぶん～だからだ」。probably（たぶん）は確信の高い事柄に使います。確信がそれほど高くない「たぶん」は maybe で表します。なお、「階段」は常に stairs と複数形にします。なぜなら階段は複数の「段」で構成されているからです。

入れ替え表現集

p. 157 にも「入れ替え表現」があります。

A 来週、健康診断がある　have my medical checkup next week
健康診断の前に体重を減らさないと　should lose some weight before my physical checkup
明日の健康診断に備えて今夜10時以降は食事ができない　can't eat after 10 p.m. tonight in preparation for tomorrow's checkup
自分の高血圧が心配だ　am worried about my high blood pressure

B 今年の肥満度指数は去年より低かった。　My BMI* this year was lower than it was last year.
*BMI = body mass index

☆ ☆

「こんなことが書けます」
「入れ替え表現集」
「例えばこう書く」を参考に
日記を書いてみましょう。

例えばこう書く

 030

年1回の健康診断の結果が
すごくうれしい。1年前の自
分よりずっと健康だ。健康
の秘訣は、午後8時以降に
食べないこと。

I'm so glad about the results of my annual medical checkup. I'm much healthier than I was a year ago. The secret of my good health is that I don't eat after 8:00 p.m.

Hint　年1回の：annual　　秘訣（ひけつ）：secret

---

diary

DATE:

今年の尿検査の結果は去年のものよりよかった。　My urine test results this year were better than those of last year.
血圧が思っていたよりも低かった。　My blood pressure was lower than I thought it would be.
血糖値は正常値だ。　My blood-sugar level is at the normal level.

C　車を運転する代わりに自転車に乗っている　ride my bicycle instead of driving
お菓子の代わりにフルーツを食べている　eat fruit instead of candy
少なくとも1日に1万歩は歩いている　walk at least 10,000 steps a day
糖類の摂取を控えている　control my sugar intake

16

気にしないようにしようっと

try not to worry so much

こんなことが書けます 031

下線部 **A、B、C** はそれぞれ下の「入れ替え表現集」の
A、B、C と入れ替えが可能です。

1. 最近、ちょっと落ち込んでいる。だから夫が励ましてくれようとしている。
I've been feeling a bit down lately. So my husband has been
A
trying to cheer me up.

2. 彼はあまり心配しないようにと言ってくれた。
He told me to try not to worry so much.
　　　　　　　　　　　　B

3. 自分のネガティブな気持ちから立ち直ることができるといいな!
I hope I can get over my negative feelings!
　　　　　　　　　C

try to do で「〜しようとする」。not を入れて try not to do とすると「〜しないようにする」とい
う意味になります。
1. I've been feeling と現在完了進行形にすることで「落ち込んでいる状態が一時的に続いている」
というニュアンスを出すことができます。
2. ここの〈tell ＋人＋ to do〉は「人に〜するように言う」という意味です。
3. get over は「(精神的苦痛・困難) から立ち直る、(病気) から回復する」という意味を持ち、
get over a difficulty「困難から立ち直る」、get over my cold「風邪から回復する」のように
使えます。

入れ替え表現集

p. 158 にも「入れ替え表現」があります。

A ちょっとイライラしている　I've been feeling a little irritated
苦労している　I've been having a hard time
元気が出ないことに悩んでいる　I've been suffering from low energy
仕事に圧倒されている　I've been overwhelmed by my work

B 自分に厳し過ぎないようにする　try not to be too hard on myself
あまり自分を責めないようにする　try not to blame myself too much

日記を書こう！

「こんなことが書けます」
「入れ替え表現集」
「例えばこう書く」を参考に
日記を書いてみましょう。

例えばこう書く

よく人間関係でストレスを感じる。友人のケイコは「あなたはいい人になろうとしてがんばり過ぎている」と私に言った。ある意味、彼女は正しいな。ほかの人がどう感じているか気にし過ぎないようにしなきゃ。

I often feel stressed about my relationships with others. My friend Keiko said to me, "You are trying too hard to be a nice person." In a sense, she is right. I should try not to care so much about how other people feel.

Hint 他人との関係、人間関係：relationships with others　　ある意味：in a sense

---

diary　　　　　　　　　　　　　DATE:

(ほかの人に) 自分の気持ちを隠さないようにしてみる　try not to hide my feelings (from others)

自分に素直でいるようにする　try to be true to myself

C　もっと前向きに生きることができる　I can live more positively

この状況を乗り越えることができる　I can overcome this situation

すぐに元気を取り戻すことができる　I can have my energy back soon

すぐ大丈夫になるだろう　I'll be all right soon

家計

目標は100万円！

save a million yen in five years

こんなことが書けます   033

下線部 **A**、**B**、**C** はそれぞれ下の「入れ替え表現集」の
A、**B**、**C** と入れ替えが可能です。

1. 5年で100万円ためたい。

I want to save a million yen in five years.
<u>　　　　A　　　　</u>

2. そうするためには、無駄遣いをやめないと。

To do that, I must stop wasting my money.
<u>　　　B　　　</u>

3. 明日から、カフェに行く回数を減らそう。

Starting tomorrow, I'll cut down on going to the cafe.
<u>　　　C　　　</u>

　save にはここでの文の「(お金)をためる」という意味以外に、「〜を節約する」という意味もあり、You can save 100 yen if you order online.「オンラインで注文すると100円節約できます」、We need to save water.「節水しないといけない」のように使えます。

1. in five years の in は「時の経過」を示し、「(ある期間) 以内に」という意味を表しています。
2. stop -ing で「〜するのをやめる」。stop to do とすると「〜するために立ち止まる」という意味になるので要注意です。waste は「〜を無駄に使う」。
3. cut down on 〜は「〜を減らす、削減する」という意味の表現です。

p. 158にも「入れ替え表現」があります。

入れ替え表現集

A 留学するためにお金をためる　save some money to study abroad
定年退職後の生活のためにお金をためる　save some money for my life after retirement
電気料金を節約する　save on electricity bills
公共料金（電気・ガス・水道料金）を節約する　save on utility bills

B 不必要な服を買うのをやめる　stop buying unnecessary clothes
ぜいたく品を買うのをやめる　stop buying luxury items

日記を書こう！

例えばこう書く

 034

いつか両親をパリに連れて行ってあげたいな。だから、この夢を実現するために今から貯金し始めよう。まずは、できるだけ外食をしないようにしないと。

I want to take my parents to Paris someday. So I'll start saving now to realize this dream. First, I should avoid eating out as much as possible.

Hint 　貯金する：save　　（目標・願望など）を実現する：realize　　外食する：eat out

---

diary

DATE:

お金を賢く適切に使う　use money wisely and properly
借金を減らす　reduce my debt

C　ゲームにお金を無駄に使うのをやめる　stop wasting money on gaming
暖房[エアコン]の使用を減らす　cut down on the use of the heater[air conditioner]
毎月のサブスク代をチェックする　check my monthly subscription fees
今持っている物を活用する　make use of the things I have now

英語日記のメリットや効果

英語で日記を書くことの利点はライティング力のアップにとどまりません。英語日記歴33年の経験から私自身が感じたメリットや効果を7つご紹介します。

1 気軽に始められる

日記の最大のメリットは、英語のレベルにかかわらず、誰でもすぐに始められること。内容、文の量、書き方、書くタイミングなどにルールはなく、全てが自由なので気楽にスタートできます。また、人に見せるわけではないため、完璧な英語でなくてもかまいません。幼稚な文でも、間違えてもいいから、まずは「英語で書いてみる」ことが大事です。

2 書くことを習慣化できる

「毎日1時間、英語を勉強するぞ！」といった目標を持つのはよいことですが、ハードルが高いと挫折してしまうかもしれません。でも、身の回りのことを数行書く日記なら習慣化しやすいのではないでしょうか。毎日少しずつでも続ければ大きな力になります。

3 「自分表現」が増える

その日の出来事や感想、予定や気持ちといった自分にまつわる英語表現が着実に増えていきます。最初は辞書や表現集に頼っていた単語や言い回しも、次第にすらすらと書けるようになります。ニュースを見たり、本を読んだり、人から聞いたりしたことを英語で書いてみることで、時事英語などの語彙もストックされていきます。気になったことを調べて日記に書く、それが「自分表現」を増やす方法なのです。

4 英語のアンテナが敏感になる

英語で日記を書く行為は、読んだり聞いたりといったインプットのアン

テナを敏感にします。日頃書いていることは、目や耳が関連表現に反応しやすくなるのです。私自身、その反応から自分の書いた英語の誤りに気づいたことは多々あります。また、見聞きしたネイティブ英語を日記に取り入れることで、表現が豊かになっていきました。

5 会話力も上がる

日頃日記に書いている表現は会話の際にも役立ちます。英語に自信がないと、伝えたいことを頭の中で組み立ててから話すケースが多いですが、日記に書き慣れていることは既に脳で整理されているため、会話で口をついて出てきやすくなります。日記を音読練習するとより効果的です。

6 簡潔にまとめる力がつく

1つの話題を分かりやすく説明するという作業は、慣れていないとなかなか難しいもの。特に、一日に書くスペースが決まっている日記帳では、枠内に収めることも求められます。英語で日記を書くことで、内容を整理して簡潔にまとめる力を鍛えることができます。

7 日記は最高の自分史

日記を書き続けると自分自身を客観的に見ることができます。私が愛用している5年連用日記帳は、昨年の今日は何をしていたか、3年前はどんなことを考えていたか、20年前はどこでどのような生活をしていたかなど、記していなければ忘れてしまうささいなことも読み返して思い出すことができます。英語の上達ぶりだけでなく、日々の過ごし方、人間関係、思考など、自分自身の変化や成長を客観視できるのも日記の醍醐味です。

ほかにも、気持ちが整理される、ストレス解消につながる、継続が自信になるなど、精神面でのメリットも多い日記。英語の間違いはあまり気にせず、まずは自分のペースで始めてみましょう。書き続けることで、さまざまな発見があるはずです。

18

エクササイズ

トレーニング継続中

I've been working out at the gym for about a year.

こんなことが書けます 035

下線部 A、B、C はそれぞれ下の「入れ替え表現集」の A、B、C と入れ替えが可能です。

1. 約1年間、ジムでトレーニングを続けている。
   I've been working out at the gym for about a year.
   A

---

2. 今、その成果が見えてきている。体調がいい!
   I am now seeing the results. I'm feeling fit!
   B

---

3. やめないで本当によかった。
   I'm so glad I didn't give up.
   C

現在完了進行形 have been working で過去のある時点から現在まで「(ずっと)〜し続けている」という「動作の継続」を表しています。for about a year「約1年間の間」では for を使って継続している「期間」を表しています。

2. results（result の複数形）は「よい結果、成果」。fit は「(運動によって)体調がいい」という意味を表す形容詞です。stay[keep] fit「健康を維持する」という表現でもよく使います。

3. I'm glad (that) 〜で「〜ということがうれしい」。give up 〜には「〜をあきらめる」以外に、ここでの文のように「(習慣など)をやめる」という意味もあります。I gave up my plan.「計画をあきらめた」は前者の例、I gave up smoking.「たばこをやめた」は後者の例です。

p. 159 にも「入れ替え表現」があります。

入れ替え表現集

A　定期的にジョギングし続けている　I've continued to jog regularly
　地元のジムのメンバーでいる　I've been a member of a local gym
　トレーニングマシンを使ってきた　I've used my training machines
　ピラティスを実践している　I've been practicing Pilates

B　今、とても健康に感じる!　I feel so fit now!
　とても体調がいい。　I'm in great shape.

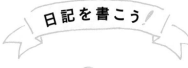

日記を書こう！

「こんなことが書けます」
「入れ替え表現集」
「例えばこう書く」を参考に
日記を書いてみましょう。

例えばこう書く

036

ジムの会員になろうかと考えている。もし入ったら、体重を落として体を鍛えることができる。そうしたら、きっとタイトなドレスが似合うはず！

I've been thinking about becoming a member of a gym. If I join, I'll be able to lose some weight and get in shape. Then, I'm sure I'll look good in a tight dress!

Hint　体を鍛える：get in shape　　タイトな、ぴったりした：tight

diary

DATE:

最近はめったに風邪をひかない。　I rarely catch a cold these days.
肌の調子がずっとよくなった。　My skin has improved a lot.

C　運動を始めた　I started working out
トレーニングを続けた　I kept up my training
充実した生活を送ることができる　I can lead a full life
私の努力が報われた　my efforts paid off

19

ショッピング

便利グッズがいっぱい！

We were surprised to see so many useful items.

こんなことが書けます　 037　　下線部 **A**、**B**、**C** はそれぞれ下の「入れ替え表現集」の **A**、**B**、**C** と入れ替えが可能です。

1. 夫とモールにキャンプ用品を買いに行った。

My husband and I went to a mall to shop for camping goods.
A

---

2. すごくたくさんの便利な商品を見て驚いた。

We were surprised to see so many useful items.
B

---

3. 今日買ったテントを使うのが待ちきれないな！

I can't wait to use the tent we bought today!
C

be surprised to do で「〜して驚く」。be surprised to hear the news だと「その知らせを聞いて驚く」という意味になります。

1. 名詞 goods は「商品」で、通常は複数形で使います。
2. item「品物、商品」という単語もよく使います。items in that store だと「あの店の商品」という意味になります。
3. can't wait to do は「〜するのが待ちきれない、〜するのが待ち遠しい」。the tent (that) we bought today では we bought today「私たちが今日買った」が直前の the tent を修飾しています。カッコ内の関係代名詞が省略されていると考えることができます。

 入れ替え表現集　　　　　　　　　p. 159 にも「入れ替え表現」があります。

A 自分の冬のコートを買いに梅田に行った　went to Umeda to buy me a winter coat
新しいテーブルを探しに外出した　went out to look for a new table
市場に行って新鮮な魚を買った　visited a market and bought some fresh fish
バッグを見にハイブランドのブティックに行った　visited a luxury brand boutique to look at bags

B 値札を見て驚いた　surprised to see the price tag
とても豪華な宝飾品を見て驚いた　surprised to see such gorgeous jewelry
限定品のバッグを見て興奮した　excited to see the limited-edition bag

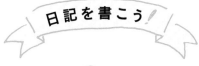

「こんなことが書けます」
「入れ替え表現集」
「例えばこう書く」を参考に
日記を書いてみましょう。

例えばこう書く

 038

家族で新しいミニバンを見に自動車のディーラーに行った。その車がどれだけ多くのハイテク機能を持っているかを見てびっくりした。とても大きな買い物だから、慎重に考えないといけないな。

My family and I went to a car dealer to look at a new minivan. We were amazed to see how many high-tech functions it had. Since it's such a big purchase, we'll have to think about it carefully.

Hint びっくりして：amazed 　機能：function 　購入：purchase

diary 　　　　　　　DATE:

半額で販売されている商品を見つけて興奮した　excited to find goods being sold at half price

お買い得品を見つけてうれしかった　happy to find a good buy

この新しいドレスをパーティーに着て行くこと　to wear this new dress to the party

このそうじ機を使ってみること　to try this vacuum cleaner

週末に包みを開けること　to open the package on the weekend

この調理器具がどう機能するか確かめること　to see how this cooking machine works

2 趣味・余暇

20

明日は大切な日

my big day

こんなことが書けます 🎧 039

> 下線部 **A**、**B**、**C** はそれぞれ下の「入れ替え表現集」の
> **A**、**B**、**C** と入れ替えが可能です。

1. 明日は私の大切な日だ。このコンサートをとても長いこと楽しみにしている。
Tomorrow is my big day. I've been looking forward to this concert for such a long time.

2. 私のアイドルに振るための飾り付けたうちわは準備した。
I've prepared a decorated fan to wave at my idol. **B**

3. 会場でどのグッズを買うかはもう決めている。
I've already decided which goods to buy at the venue. **C**

a big day は「大切な日、重要な日」。似たような表現に a memorable day「心に残る日」、a red-letter day「記念すべき日（重要な日をカレンダーに赤字で書き込んだことに由来する）」などがあります。これらは have a 〜 day の形でもよく使います。

1. look forward to 〜「〜を楽しみに待つ」を have been -ing「（ずっと）〜し続けている」の形で使っています。
2. fan は「うちわ」。to wave at my idol は「〜するための」という意味で、後ろから a decorated fan を修飾しています。
3. which A to do は「（いくつか選択肢がある中の）どのAを〜するか」という意味を表します。what 〜「どんな〜」の形も what color to choose「どんな色を選ぶか」のように使えます。venue は「（イベントなどの）会場、開催地」を意味します。

p. 160 にも「入れ替え表現」があります。

入れ替え表現集

A このアイドルグループをとても長いこと応援している。　I've been cheering for this idol group for such a long time.
ついに彼らのコンサートのチケットを手に入れた。　I've finally gotten a ticket for one of their concerts.

B コンサートに着て行くための服　my outfit to wear to the concert
コンサートで着るためのコスチューム　a costume to wear at the concert

「こんなことが書けます」
「入れ替え表現集」
「例えばこう書く」を参考に
日記を書いてみましょう。

例えばこう書く

 040

素晴らしい夜だった。とても心に残るコンサートだった。雰囲気が素晴らしくて、観客はずっと歓声を上げていた。私は彼らの次のコンサートのことをもう考え始めている。

I had a fantastic night. It was such a memorable concert. The atmosphere was superb, and the audience was cheering the whole time. I've already started thinking about their next concert.

2
趣味・余暇

Hint　とても〜な…：〈such (a)＋形容詞＋名詞〉　　雰囲気：atmosphere
素晴らしい、見事な：superb

diary

DATE:

コンサートの間に使うためのペンライト　a penlight to use during the concert
頭の上で振り回すためのタオル　a towel to swing around above my head

C　どのTシャツを買うか　which T-shirt to buy
どのコンサートの日程を選ぶか　which concert date to choose
どのコンサート会場に申し込むか　which concert venue to apply for
コンサートに何を持っていくか　what to take to the concert

21

ゲーム

無駄なんて言わせない

I spent the afternoon playing video games.

こんなことが書けます 041

下線部 **A**、**B**、**C** はそれぞれ下の「入れ替え表現集」の
A、**B**、**C** と入れ替えが可能です。

1. ビデオゲームをして午後をずっと過ごした。
   I spent the whole afternoon playing video games.
   A

---

2. 時間の無駄だと言う人もいるかもしれない。
   Some people might say it's a waste of time.
   B

---

3. でも、ゲームをすることは私をリラックスさせると思う。
   But I find playing them relaxing.
   C

〈spend ＋時間＋ -ing〉は「〜するのに（時間）を過ごす」という意味を表します。「〜して（時間）を過ごす」と訳すと自然になります。
1. the whole 〜は期間などについて「丸〜、〜中」という意味を表します。
2. Some people 〜「〜な人もいる」と訳すと自然になります。ここでの might は「〜かもしれない」という意味で推量を表しています。
3. この find は「〜と思う」という意味です。relaxing は「リラックスさせる」という意味の形容詞です。

p. 160 にも「入れ替え表現」があります。

入れ替え表現集

A 最終ボスを倒そうとして丸一日過ごした　spent a whole day trying to beat the Final Boss
息子とビデオゲームをして日曜の夕方を過ごした　spent Sunday evening playing a video game with my son
新しいゲーム機を初期設定するのに1時間費やした　spent an hour setting up my new gaming console
ビデオゲームのエンディングまで行こうとしてたくさん時間を使った　spent a lot of time trying to get to the end of a video game

「こんなことが書けます」
「入れ替え表現集」
「例えばこう書く」を参考に
日記を書いてみましょう。

例えばこう書く

 042

息子がテレビでゲームをして
いた。私もゲームに参加
することにした。とっても楽
しかった。それに加えて、い
い会話をすることもできた！

My son was playing a video game on our TV. I decided to join in, and it was great fun. As well as that, we were also able to have a great conversation!

Hint それに加えて：as well as that

diary

DATE:

B それは週末のよい過ごし方ではない　it's not a good way to spend a weekend
目によくない　it's not good for your eyes
代わりに外に出かけるべきだ　I should go outside instead
代わりに運動をするべきだ　I should do some exercise instead

C ストレスを発散させるためのよい方法である　is a good way to release my stress
若々しくいるためのよい方法　(is) a good way of staying young
反射神経を向上させるためのよい方法である　is a good way to improve my reflexes
脳を刺激するための効果的な方法だ　is an effective way to stimulate my brain

22

ごろ寝

家でのんびり

I felt like taking it easy at home.

こんなことが書けます 043

下線部A、B、Cはそれぞれ下の「入れ替え表現集」のA、B、Cと入れ替えが可能です。

1. 家でのんびりしたい気分だったので、ネコと一緒にソファで横になって午後を過ごした。
   I felt like taking it easy at home, so I spent the afternoon lying on the sofa with my cat.
   A

---

2. それからおなかが空いたのでアプリでピザを注文した。
   Then I got hungry and ordered a pizza through an app.
   B

---

3. なんて完璧な日曜の午後だったんだ!
   What a perfect Sunday afternoon I had!
   C

   feel like -ing は「〜したい気分だ」。take it easy は「くつろぐ、のんびりする」という意味で、relax と言い換えることもできます。
   1. lie「横になる」の活用の lie-lay-lain; lying に気をつけましょう。
   2. get 〜は「(ある状態)になる」。app「アプリ」は application の略で、[アプ]と発音します。
   3. 〈What a＋形容詞＋名詞＋主語＋動詞〉の感嘆文の語順に注意しましょう。a lazy Sunday afternoon「のんびりした日曜日の午後」という決まり文句もあります。

入れ替え表現集

p. 161 にも「入れ替え表現」があります。

A タブレットで動画を見た　I watched some videos on my tablet
　一日中パジャマを着ていた　I wore my pajamas all day
　ジムの予約をキャンセルした　I canceled my gym appointment
　録画していたテレビドラマを見ることにした　I decided to watch the TV dramas I had recorded

B 昼ご飯を作る代わりにカップ麺を食べた　had instant noodles instead of cooking lunch

日記を書こう！

☆ ☆

「こんなことが書けます」
「入れ替え表現集」
「例えばこう書く」を参考に
日記を書いてみましょう。

例えばこう書く

🎧 044

今週は忙しかったので、今日はソファの上で一日過ごした。ただスナックを食べながらユーチューブの動画を見たんだ。私はのんびりした日を過ごすのに値すると思う。

→

I had a busy week, so I spent a day on the sofa today. I just watched YouTube videos while eating snacks. I think I earned my lazy day.

2
趣味・余暇

Hint （報酬として）…を得るに値する：earn

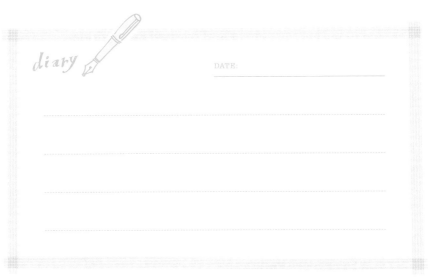

diary

DATE:

昼食には昨夜の残り物を食べた　ate the leftovers from last night for lunch
電子レンジで冷凍スパゲティを加熱した　microwaved some frozen spaghetti
冷凍うどんを調理した　cooked some frozen udon noodles

C なんてリラックスした一日だったんだろう！　What a relaxing day I had!
なんて素晴らしい休日だ！　What a great day off!
のんびりした日を楽しんだ！　I enjoyed my lazy day!
たまにはこんなのんびりした日も素晴らしい。　Such a lazy day is great once in a while.

23

カラオケ

心ゆくまで歌った

I sang to my heart's content.

こんなことが書けます 🎧 045

下線部 **A**、**B**、**C** はそれぞれ下の「入れ替え表現集」の
A、**B**、**C** と入れ替えが可能です。

1. 友達とカラオケを歌ってすごく楽しかった。
I had a lot of fun singing karaoke with my friends.
<u>A</u>

2. 心ゆくまで歌って感情を解き放った。
I sang to my heart's content and released my emotions.
<u>B</u>

3. カラオケはたぶん最もよい心のセラピーのひとつだろうな。
Karaoke is probably one of the best therapies for the mind.
<u>C</u>

to one's heart's content は「心ゆくまで、思う存分」という意味の表現です。We ate sweets to our hearts' content なら「私たちは思う存分スイーツを食べた」となりますが、We と複数形なので hearts' と複数形にすることに注意しましょう。

1. have fun -ing は「〜して楽しむ」。この fun「楽しみ」は数えられない名詞なので a のような冠詞は付けません。
2. release emotions「感情を解放する」の emotion は喜怒哀楽を含む「感情」を指します。show [express] one's emotions だと「感情を表す」ということです。
3. 〈one of the ＋最上級〉で「最も〜なひとつ」という意味を表します。この場合、therapies のように最上級の後の名詞は複数形になることに注意しましょう。

入れ替え表現集 ↻

p. 161 にも「入れ替え表現」があります。

A 姉［妹］とアニメソングを歌って　singing anime songs with my sister
一人でカラオケを歌って　singing karaoke alone
カラオケ店でパーティーをして　having a party at a karaoke place
一次会の後にカラオケに行って　going to karaoke after the main party

B ストレスを発散した　released my stress
新しい曲を覚えることを楽しんだ　enjoyed learning some new songs
しばらく心配事を忘れた　forgot my worries for a while

「こんなことが書けます」
「入れ替え表現集」
「例えばこう書く」を参考に
日記を書いてみましょう。

例えばこう書く

 046

焼き鳥屋で飲んだ後、同僚
たちと一緒にカラオケを歌
いに行った。仕事のことを
話すことなく、一緒にたくさ
ん歌った。それは本当に私
たちの団結心を高めた。

After drinking at the yakitori place,
I went to karaoke with my colleagues.
We sang a lot together without
talking about work. It really
improved our team spirit.

Hint 同僚：colleague 　団結心、チーム精神：team spirit

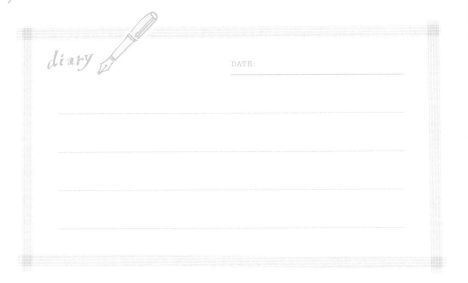

diary

DATE:

最後には声が出なくなった　ended up losing my voice

最高の娯楽の一つ　one of the best pastimes
友人と時間を過ごす最高の方法のひとつ　one of the best ways to spend time with
friends
最も人気のある余暇活動のひとつ　one of the most popular leisure activities
日本で最も愛されている娯楽のひとつ　one of the most loved recreational activities
in Japan

24

ガーデニング

バラを育てるつもり

I'm going to grow roses.

こんなことが書けます 🎧 047

下線部 **A**、**B**、**C**はそれぞれ下の「入れ替え表現集」の
A、**B**、**C**と入れ替えが可能です。

1. もっと色を添えるために庭でバラを育てるつもりだ。

I'm going to <u>grow roses</u> in my garden to add more color.
A

2. ホームセンターにバラの苗木を買いに行こう。

<u>I'll go get some rose seedlings</u> at a home improvement store.
B

3. もし息子が私と協力して庭仕事をしたら、よい家族のプロジェクトになるだろう。

<u>If my son joins me in working in the garden</u>, it'll be a good
C
family project.

be going to do「〜するつもりだ」は、既にそうすることに決めている場合に使います。ちなみにwill「〜しよう」はその場でそうすることを決めた場合に使い、短縮形で使うことが多いです。
1. growは「(植物)を栽培する、育てる」。似た表現にplant「(植物)を植える、(種)をまく」があります。
2. seedlingは「苗木」で、seedだと「種」という意味になります。home improvement store [shop]は日本で言うところの「ホームセンター」です。
3. 〈join＋人＋in -ing〉で「〜するために人に加わる、人と協力して〜する」。join my husband in trimming the treesだと「夫と協力して木をせん定する」という意味になります。なお、ここでのwillは「〜だろう」という意味で「予想」していることを表しています。

入れ替え表現集

p. 162にも「入れ替え表現」があります。

A 春に見て楽しむためにチューリップを育てる　grow tulips to enjoy looking at them in the spring
プライバシーを確保するために生け垣を植える　plant some hedges to ensure our privacy
裏庭にニンジンの種をまく　plant carrot seeds in our backyard

B ガーデニング用の道具を見よう　I'll look at gardening tools
ガーデニングのアドバイスをもらいに行こう　I'll go (and) get some gardening advice

日記を書こう！

「こんなことが書けます」
「入れ替え表現集」
「例えばこう書く」を参考に
日記を書いてみましょう。

例えばこう書く

 048

アパートで自然を楽しめる
ように花を育てたい。だか
らベランダに花壇を作るつ
もりだ。カラフルな花を育て
たら、ベランダはとてもきれ
いに見えるだろうな！

I want to grow flowers so that I can enjoy nature at my apartment. So I'm going to make a flower bed on the balcony. If I grow some colorful flowers, my balcony will look gorgeous!

Hint 　〜するように：so that 〜　　花壇：flower bed　　ベランダ：balcony

diary　　　　　　　　　　　　　　DATE:

3メートルの庭用ホースを買うつもりだ　I'm going to buy a 3-meter garden hose
肥料を買う必要がある　I need to buy some fertilizer

C　もし私が両親と協力してトマトを育てたら　If I join my parents in growing tomatoes
もし夫が私と協力して庭をデザインしたら　If my husband joins me in designing our garden
もし息子が私の家庭菜園の仕事を手伝ったら　If my son helps me with my home garden

25

ケーキ作り

レシピのとおりにきっちりと

We carefully followed the recipe.

こんなことが書けます 049

下線部 **A**、**B**、**C** はそれぞれ下の「入れ替え表現集」の
A、**B**、**C** と入れ替えが可能です。

1. オンラインでチーズケーキのレシピを見つけたので、娘と試してみた。
I found a cheesecake recipe online, so I **tried it with my daughter.** **A**

---

2. 手順ごとに注意深くレシピに従った。
We **carefully followed the recipe** step by step. **B**

---

3. 完成した時に、ケーキを味見して、喜んで互いにハイタッチをした。
When it was done, we tasted the cake and **gave each other high fives with joy.** **C**

follow the recipe の follow は「(指示・命令など) に従う」という意味を持ち、follow the instructions「指示に従う」、follow the rules「規則に従う」のように使えます。
1. tried it の try は「〜を試す」という意味で使われています。
2. step by step は「着実に、一歩一歩」などを表す決まり文句です。
3. 動詞 taste には「〜を味見する」という意味があります。give 〜 a high five は「〜にハイタッチをする」。互いにハイタッチをし合うわけですから、〜の部分には each other が入り、high fives とします。

入れ替え表現集

p. 162 にも「入れ替え表現」があります。

A そのケーキを作ってみた   tried making the cake
そのレシピをじっくり読み通した   read it through thoroughly
それを娘に見せた   showed it to my daughter
ケーキを作るための材料を用意した   prepared the ingredients to make the cake

B 正確に指示に従った   precisely followed the instructions
レシピに書いてあるとおりにした   did exactly as the recipe said

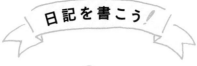

日記を書こう！

「こんなことが書けます」
「入れ替え表現集」
「例えばこう書く」を参考に
日記を書いてみましょう。

例えばこう書く

 050

今日は息子のバースデー
ケーキを作った。ケーキを
特別なものにするために、
彼の大好きなアニメのキャラ
クターを使ってケーキを注
意深く飾り付けた。すごくよ
くできたと思う！ 誕生日パー
ティーが待ちきれないな。

I made a birthday cake for my son
today. To make the cake special,
I carefully decorated it with his
favorite anime characters. I think
I did a great job! I can't wait for the
birthday party.

2

趣味・余暇

Hint ～を飾り付ける：decorate　　アニメのキャラクター：anime character

diary　　　　　　　DATE:

_____

_____

_____

_____

書かれているとおりにレシピに従った　followed the recipe as it was written
間違えないようにした　tried not to make any mistakes

C　互いに幸せそうにほほ笑んだ　smiled happily at each other
　　顔を見合わせてほほ笑んだ　smiled at each other
　　喜んで「うまくできた！」と言った　said, "Good job!" with delight
　　結果に満足した　were satisfied with the result

26

推しの新譜

来月リリース！

My favorite group is releasing a new album next month.

こんなことが書けます 051

下線部 **A**、**B**、**C** はそれぞれ下の「入れ替え表現集」の
A、**B**、**C** と入れ替えが可能です。

1. 推しのグループがニューアルバムの初回限定盤を来月リリースするので、今日予約した。

My favorite group is releasing a **limited edition of their** new album next month, **and so I reserved it today.**

<u>A</u>

2. このアルバムにはスペシャル写真集がついているんだ。

It comes with a special photo book.

<u>B</u>

3. 真のファンはたぶんダウンロードではなく現物のアルバムを買うだろう！

True fans will probably purchase a physical release of the album, not a downloadable one!

<u>C</u>

release は「（CD・本など）を発売する、（映画）を封切る」。is releasing 〜 next month「〜を来月発売する」と現在進行形で予定を表しています。

1. reserve「〜を予約する」は reserve a plane ticket「航空券を予約する」、reserve a table at that restaurant「そのレストランの席を予約する」のようにいろいろな使い方ができます。
2. come with 〜は「〜がついている、〜が付属している」。This set lunch comes with a salad.「この定食にはサラダがついてきます」のような使い方もできます。
3. physical release とは CD やレコードのような物としての発売を意味し、直訳だと「物理的な発売」となります。downloadable one は「ダウンロード可能なもの」。

p.163 にも「入れ替え表現」があります。

入れ替え表現集

A だからオンラインで予約しよう　so I'll reserve it online
だからもちろん手に入れよう　so of course I'll get it
既に先行予約した　I've already preordered it

B スペシャル DVD がついている　comes with a special DVD
スペシャルブックレットがついている　comes with a special booklet

日記を書こう！

例えばこう書く

 052

今日、推しのグループの
ニューアルバムを受け取っ
た。まず、ついていた写真
集を見ながらアルバムを聴
いた。熱心なファンとして、
このアルバムは前回のもの
よりずっとよいと感じる。

I received my favorite group's new album today. First, I listened to it while looking at the photo book that came with it. As an enthusiastic fan, this album sounds much better than the previous one.

Hint 熱心な、熱烈な：enthusiastic　（順序・時間が）前の：previous

diary　　　DATE:

コンサート・チケットを申し込むためのコードが封入されている　includes a code to apply for concert tickets

C 発売日にそれを手に入れたい　want to get it on the day it's released
フリマサイトでそれを買わない　not buy it from a flea market site
何度もそれを聞く　listen to it over and over

2
趣味・余暇

27

散歩

散歩中に見たワンシーン

I saw ducks floating on the river.

こんなことが書けます 053

下線部A、B、Cはそれぞれ下の「入れ替え表現集」の
A、B、Cと入れ替えが可能です。

1. 天気がよかったので、川沿いに長い散歩をした。
   The weather was nice, so I took a long walk along the river.
   A

2. 散歩している間に、カモが川に浮かんでいるのを見た。
   While strolling, I saw ducks floating on the river.
   B

3. 次回は隣町の公園まで歩くつもりだ。
   I'm going to walk to a park in my neighboring town next time.
   C

see A -ing で「Aが〜しているのを見る」という意味になります。ちなみに hear birds singing なら「鳥がさえずっているのを聞く」という意味になります。
1. take[have] a walk は「散歩をする」。go for a walk「散歩に行く」という表現も覚えておきましょう。
2. 動詞stroll は「散歩する、ぶらぶら歩く」。While (I was) strolling「散歩している間に」はカッコの部分が省略されていると考えるとよいでしょう。stroll は名詞としても使われ、take a stroll「散歩をする」などと言います。
3. neighboring は「隣接する」。walk to the neighboring station なら「隣駅まで歩く」という意味になります。

p. 163にも「入れ替え表現」があります。

入れ替え表現集

A 近所で短い散歩をした   took a short walk around my neighborhood
地元の商店街を散歩した   took a walk along the local shopping street
早朝の散歩に出かけた   went out for an early-morning walk
地元の公園を散歩した   had a walk in the local park

B ネコがフェンスの上を歩いているのを見た   saw a cat walking on a fence
鳥の群れが空を飛んでいるのを見た   saw a flock of birds flying across the sky

☆ ☆

「こんなことが書けます」
「入れ替え表現集」
「例えばこう書く」を参考に
日記を書いてみましょう。

例えばこう書く

 054

散歩をしたい気分だったから、町の商店街まで歩いて行った。たくさんの小さな家族経営の店を見てワクワクした。古い肉屋さんに入ってコロッケを買った。おいしかったなあ！

I felt like having a stroll, so I walked to a shopping street in town. I was excited to see a lot of small family-owned stores. I went into an old meat shop and bought some croquettes. They were delicious!

Hint ～してワクワクする：be excited to do   家族経営の：family-owned
コロッケ：croquette

diary

DATE:

カメが池で泳いでいるのを見た　saw a turtle swimming in a pond
飛行機が頭上を飛ぶのを見た　saw a plane flying overhead
C 朝食の前に散歩をする　take a walk before breakfast
さらに長い散歩をする　have an even longer walk
1万歩以上歩く　walk more than 10,000 steps
興味深い場所を見つける　find some interesting spots

2
趣味・余暇

28

友達と会う

古い友人とのひととき

I met with my old friend.

こんなことが書けます　 055　　下線部 **A**、**B**、**C**はそれぞれ下の「入れ替え表現集」の **A**、**B**、**C**と入れ替えが可能です。

1. 古い友達のエリカと会って夕食を一緒に食べた。
   I met with my old friend, Erika, and we had dinner together.
   　　　　　　　　　　　　　　　　　　　　　　　　A

2. 彼女は共通の友人たちについての最新ニュースを教えてくれた。
   She told me the latest news about our mutual friends.
   　　　　　　　　　　B

3. 彼女は十代の頃からちっとも変わっていないのでうれしいな。
   I'm happy that she hasn't changed a bit since our teenage days.
   　　　　　　　　　　　　　　　C

meet with 〜は「（約束して）〜と会う」と言う場合に使い、「ばったり会う」はcome across 〜 や run into 〜などで表します。
1. an old friend は「古い友達、旧友」。a longtime friend「長年の友人」という表現もあります。
2. the latest 〜は「最新の〜」。mutual は「共通の」という意味で、have a mutual interest なら 「共通の趣味がある」ということです。
3. hasn't changed a bit since 〜は現在完了形で「〜以来、（今まで）少しも変わっていない」と いうことを表しています。

入れ替え表現集　　　　　　　　　　　p. 164にも「入れ替え表現」があります。

A 一緒にとても楽しく過ごした　had a great time together
　　 お茶を飲みながら話した　had a chat over tea
　　 ビールを飲みながらおしゃべりを楽しんだ　enjoyed chatting over some beer
　　 再会を楽しんだ　enjoyed the reunion
B 彼女の人生で最も面白かった出来事について　about the funniest event in her life
　　 彼女の家族の近況について　about a recent situation in her family
　　 彼女の仕事と家族について　about her work and family

日記を書こう！

「こんなことが書けます」
「入れ替え表現集」
「例えばこう書く」を参考に
日記を書いてみましょう。

例えばこう書く

 056

2
趣味・余暇

パーティーでミカが私をタクに紹介してくれた。タクはいい人っぽいし、私たちにはサイクリングという共通の趣味がある。うーん、彼とまた会いたいとちょっと思う。とにかくミカに感謝しないと。

Mika introduced me to Taku at the party. Taku seems like a nice person, and we have a mutual interest in cycling. Well, I kind of want to see him again. Anyway, I should thank Mika.

Hint　興味、趣味：interest　ちょっと：kind of

diary　　　　　　　　　DATE:

彼女の健康状態について　about her health
新しい仕事を探していること　that she was looking for a new job

C 元気を失っていない　she hasn't lost her energy
前向きな姿勢を変えていない　she hasn't changed her positive attitude
とても若く健康的に見える　she looks so young and healthy
とても充実した生活を送っている　she's leading such a fulfilling life
安定した生活を送っているようだ　she seems to have a stable life

29

自然に親しむ

絶景！

The scenery took my breath away.

こんなことが書けます 057

下線部 A、B、C はそれぞれ下の「入れ替え表現集」の
A、B、C と入れ替えが可能です。

1. 今日の山歩きは素晴らしい経験だった。

__Today's mountain hike__ was an awesome experience.
<u>A</u>

・・

2. 山の頂上からの景色に息をのんだ。

The scenery from the mountaintop __took my breath away__.
<u>B</u>

・・

3. 自然とのつながりを感じるのはいつだっていいことだ。

It's always nice __to feel a connection with nature__.
<u>C</u>

A take my breath away「Aに息をのむ」はAに感動したことを表す表現です。A was breathtaking「Aは息をのむようなものだった」と表すこともできます。

1. awesome は「とてもよい、素晴らしい」。wonderful、fantastic などと言い換えることができます。

2. scenery「景色」は view や landscape と言い換えることもできます。

3. It's nice to do で「～することはよい」。この文の本当の主語は to feel a connection with nature「自然とのつながりを感じること」で、文頭の It は仮の主語として置かれています。

入れ替え表現集

p. 164 にも「入れ替え表現」があります。

A 今日の尾瀬国立公園でのハイキング　Today's hike in Oze National Park
吉野山の登山　Climbing Mount Yoshino
四万十川でのカヌー下り　Canoeing down the Shimanto River
河口湖の周囲のサイクリング　Cycling around Lake Kawaguchi

B 疲れを吹き飛ばしてくれた　rid me of my fatigue
あらゆるストレスを忘れさせてくれた　made me forget all my stress

日記を書こう！

「こんなことが書けます」
「入れ替え表現集」
「例えばこう書く」を参考に
日記を書いてみましょう。

例えばこう書く

 058

山小屋で一泊した後、ついに富士山の頂上に登った。頂上に着いた時、ここ数年間で達成した最高のことと感じた。頂上から日の出を見るのは素晴らしい体験だった！

After an overnight stay at a hut, I finally climbed to the top of Mount Fuji. When I reached the top, I felt it was my greatest achievement in the past several years. It was a fantastic experience to see the sunrise from the top!

Hint 一泊の：overnight 　山小屋：hut 　ここ数年間で：in the past several years
日の出：sunrise

 diary

DATE:

すっかり生き返らせてくれた　totally revived me
大きな達成感を与えてくれた　gave me a great feeling of achievement
自然の中で時を過ごすこと　to spend some time in nature
自然の中でリラックスする時間を持つこと　to have time to relax in nature
野外活動を楽しむこと　to enjoy outdoor activities
季節の変化を感じること　to feel the changing of the seasons

30

自己啓発

目指すは洗練された人

make it a rule to read two books a month

p. 168にも「入れ替え表現」があります。

こんなことが書けます 🎧 059

下線部 **A**、**B**、**C** はそれぞれ下の「入れ替え表現集」の
A、**B**、**C** と入れ替えが可能です。

1. 洗練された人になるためにはどうしたらいいのだろう？
   What should I do to become a sophisticated person?
   A

2. もっと本を読むとたぶん効果があるんだろうな。
   Reading more books would probably make a difference.
   B

3. 本をひと月に少なくとも 2 冊は読む決まりにしよう。
   I'll make it a rule to read at least two books a month.
   C

　make it a rule to do は「～する決まりにする、～するようにする」。make a habit of -ing「～
する習慣にする、～するようにする」という表現も覚えておきましょう。a month の a は「～につき」。
per month と言い換えることもできます。

1. sophisticated は「洗練された」。ほかに intelligent「知的な」、elegant「上品な、洗練された」、
   attractive「魅力的な」、thoughtful「思いやりのある」のような表現もあります。
2. この文では reading more books「もっと本を読むこと」が主語です。make a difference は
   「違いを生じる、効果がある」。
3. at least は「少なくとも」。逆に at most なら「多くても、せいぜい」という意味になります。

入れ替え表現集 🔁

A もっとよいリーダーになるために　to become a better leader
　もっとよい生活をするために　to have a better life
　自分の価値を高めるために　to increase my value
　生活の質を高めるために　to increase the quality of my life

B 何か新しいことを学ぶこと　Learning something new
　新しい趣味を見つけること　Finding a new hobby

日記を書こう！

☆ ☆

「こんなことが書けます」
「入れ替え表現集」
「例えばこう書く」を参考に
日記を書いてみましょう。

例えばこう書く

🎧 060

会社で昇進したいな。だか
ら、毎晩最低1時間、昇進
試験に向けて勉強すること
を決心した。大切なことは
やる気を維持することだ！

I want to be promoted at work. So
I've made up my mind to study for at
least an hour for the promotion test
every night. The important thing is
to stay motivated!

Hint　会社[職場]で昇進する：be promoted at work
　　　～することを決心する：make up one's mind to do　　昇進試験：promotion test
　　　やる気を維持する：stay motivated

diary　　　　　　　　　　　DATE:

外国語を勉強すること　Studying a foreign language
地域の活動に参加すること　Joining in with community activities

C　毎朝新聞を読むこと　to read a newspaper every morning
　　毎晩ニュース番組を見ること　to watch news programs every night
　　毎晩資格試験に向けて勉強すること　to study for the certification test every night
　　毎日英語で日記をつけること　to keep a diary in English every day

英語日記を続けるヒント

　日記を書き始めてみたものの、三日坊主に終わってしまったという声を
よく耳にします。私自身は最初から5年連用日記帳を使ったことで空欄の
日が気になり、欠かさず書く習慣ができました。忙しいとき、疲れている
ときは数日分をまとめて書くこともありますが、長い目で見て続いていま
す。

　一方で、連用日記帳は荷が重いと感じる人もいるでしょう。継続しやす
い形、モチベーションの保ち方は人それぞれ。自分に合う方法で取り組む
のがベストです。

　私のまわりには英語で日記を書いている人が多数います。彼ら彼女らに
継続の秘訣を聞くと、実にさまざまな形があることに気づかされます。な
かなか日記が続かないという方は参考にしてみてください。

日記帳にこだわる

　自分が使いやすい・使いたい日記帳を選ぶことが大切です。前述のよう
に、連用日記だから続けられることもあれば、日付が入っていない日記帳
のほうが気楽でいいなど、自分の性格に合ったものを選びましょう。

　また、お気に入りの日記帳は日記に向き合う時間を上質にしてくれま
す。高級感のある日記帳やペンを使えば気持ちが引き締まりますし、好き
なキャラクターのノートなら気分が上がることでしょう。ディズニーが好
きなある女性は、昨年は『アラジン』、今年は『美女と野獣』……というよ
うに、日記帳を選ぶ喜び、ページを開いたときのわくわく感も楽しんでい
るようです。

手帳を利用する

　手帳ユーザーや、日記はハードルが高いと感じる人は、手帳の空いたス
ペースに「ひとこと日記」を書き添えてみては？　予定の隣に感想や心境
を書くだけでも立派な日記です。空欄の日には天気、体調、食べたもの、見

たテレビ番組など何でもないことを英語で書いてみるのもよい勉強です。

テーマ日記にする

　何を書けばいいか分からないという人は、テーマを決めると日記を続けやすくなるかもしれません。「子育て日記」「食事日記」「健康・運動日記」「花鳥風月日記」「推し活日記」など、これなら書けそう！という話題に絞ることで、日記を続けやすくなるかと思います。私は連用日記とは別に「幸せ日記」もつけています。たとえ小さなことでも文字にすることで、幸福感と感謝の気持ちを改めて実感するひとときになっています。

スマホアプリを利用する

　手を動かして書く行為は脳を活性化させ、記憶の定着率を高めるので、私自身は紙の日記帳をおすすめしますが、書くこと自体が苦手、面倒という人は、スマホアプリを利用するのも手です。スマートフォンなら出先でも日記をつけることができます。また、空いた時間に検索をかけて英語表現をチェックすることもできて便利です。

SNSに日記を投稿する

　人に見せるわけではないことから気楽さが日記の利点ではありますが、誰かに読まれることで真剣に取り組めるという人は、SNSに日記を投稿したり、アップした写真に英語でキャプションを付けたりしてみましょう。反応があればうれしいですし、モチベーションも上がります。

英語仲間と交換日記を楽しむ

　気の合う仲間がいれば英語で交換日記をするのもいいですね。相手の日常を知ることでより親近感がわきますし、相手の英語から学ぶことも多いと思います。お互いにコメントしたり、質問したりするスタイルは会話的要素もあって楽しいものです。ノートでのやりとりが難しければ、メールやLINEといったツールを日記的感覚で使うのもいいでしょう。

31

旅行先を調べる

どこがいいかな？

decide where to go

こんなことが書けます　🎧 061

下線部 A、B、C はそれぞれ下の「入れ替え表現集」の
A、B、C と入れ替えが可能です。

1. そろそろ家族旅行でどこに行くべきか決めてもいい頃だ。
   It's about time to decide where to go for our family trip.
   <u>A</u>

2. ホテルは高いが、沖縄はいい目的地だろうな。
   Okinawa might be a good destination, though the hotels are expensive.
   <u>B</u>

3. どこへ行こうと、地元の食べ物と美しい景色を楽しみたい！
   Wherever we go, we want to enjoy the local food and beautiful scenery!
   <u>C</u>

where to do で「どこに [で] 〜するか」という意味を表すことができます。

1. It's about time to do は「そろそろ〜してもいい頃だ」という意味を表す表現です。
2. destination「目的地、行き先」は旅行でよく使う表現です。接続詞 though 〜「〜だけれども」にも気をつけましょう。同じ意味を表す少し硬い語に although があります。
3. Wherever we go の wherever は「どこへ [で] 〜しようとも」という意味を表しています。wherever には「どこでも〜するところへ [で]」という意味もあり、go wherever you like「どこでも君の好きなところへ行く」のように使います。

p. 166 にも「入れ替え表現」があります。

入れ替え表現集

A 京都でどこを訪れるか　where to visit in Kyoto
　福岡でどこに滞在するか　where to stay in Fukuoka
　東京で何を見るか　what to see in Tokyo

B 今頃はホテルが全て満室かもしれないけれど　though the hotels might all be full by now
　旅行シーズンは航空券が高いけれど　though plane tickets are expensive during the

「こんなことが書けます」
「入れ替え表現集」
「例えばこう書く」を参考に
日記を書いてみましょう。

☆ ☆

例えばこう書く

 062

子どもたちに今年の夏はどこに行きたいか尋ねた。有名なテーマパークがあるから、大阪に行きたいそうだ。もし行ったらいろいろな地元の食べ物を手頃な値段で食べてみることができるな！

I asked my kids where they wanted to go this summer. They want to go to Osaka because there is a famous theme park there. If we went there, we'd also be able to try a variety of local food at reasonable prices!

Hint　彼らがどこに行きたいか：where they want to go　　テーマパーク：theme park
いろいろな〜：a variety of 〜　　手頃な値段：reasonable price

diary　　　　　　　　DATE:

---

tourist season
観光スポットはいつもとても混んでいるけれど　although the tourist spots are always very crowded

C　地元の温泉を楽しみたい　we want to enjoy local hot springs
地元の文化を体験したい　we want to experience local culture
旅行を存分に楽しみたい　we want to enjoy every minute of it

32

ツアーを予約

少し安く上がりそう

It was cheaper than I thought.

こんなことが書けます　　063

下線部 A、B、C はそれぞれ下の「入れ替え表現集」の
A、B、C と入れ替えが可能です。

1. インターネットで山形を巡る3日間のツアーを予約した。
I've reserved a three-day tour of Yamagata on the internet.
A

2. ツアーの費用は私が考えていたより安かった。
The cost of the tour was cheaper than I thought.
B

3. それは食事と買い物にもっとお金を使えることを意味している。ついてるな!
That means I'll be able to spend more money on eating and
shopping. Lucky me!
C

cheaper than 〜は比較級 cheaper を使って「〜よりも安い」という意味を表しています。〜の
部分には I thought「思っていた」が入っていることにも注意しましょう。
　1. reserve は「〜を予約する」。on the internet「インターネットで」では前置詞 on を使います。
またここでは副詞 online「オンラインで」を使うことも可能です。
　2. cost は「費用」。fare「料金、運賃」、price「値段」、expense「費用」などの表現もついでに覚
えておきましょう。travel expenses なら「旅行費用」となります。
　3. 〈spend ＋お金＋ on 〜〉は「〜にお金を使う」。Lucky me! は「私はついてるな!」。相手に対
して Lucky you!「あなた、ついてるね!」と言うこともよくあります。

p. 166 にも「入れ替え表現」があります。

入れ替え表現集

A 秋田への2泊3日の旅行　a three-day and two-night trip to Akita
姫路城のオプショナルツアー　an optional tour of Himeji Castle
箱根への日帰り旅行　a day trip to Hakone
別府を巡る1日バスツアー　a one-day bus tour of Beppu

B フライトはもっと高かった　The flights were more expensive
ホテルの部屋代はもっと安かった　The hotel room rate was lower

日記を書こう！

☆ ☆

「こんなことが書けます」
「入れ替え表現集」
「例えばこう書く」を参考に
日記を書いてみましょう。

例えばこう書く

🎧 **064**

鹿児島に行くべきか長野に
行くべきか迷っている。1年
のこの時期は鹿児島の天候
のほうが暑いはずだ。だか
ら、長野でもっと涼しい夏
を過ごしたほうがいいかな。

➡️

I can't decide whether I should go to Kagoshima or Nagano. The weather must be hotter in Kagoshima at this time of year. So maybe I should enjoy a cooler summer in Nagano.

Hint AかBか：whether A or B　　1年のこの時期に：at this time of year

3

旅行・移動

diary

DATE:

ホテルの場所はもっと便利だ　The location of the hotel is more convenient
電車の乗り継ぎはもっと悪い　The train connections are worse

C　もっとオプショナルツアーに参加する　join more optional tours
そこにもっと長く滞在する　stay there longer
観光にもっとお金をかける　spend more on sightseeing
ガイド付きのハイキングツアーに参加する　take a guided hiking tour

081

33 写真を撮る

インスタ映えスポット

That's why we stayed there for an hour.

こんなことが書けます 🎧 065

下線部 **A**、**B**、**C** はそれぞれ下の「入れ替え表現集」の **A**、**B**、**C** と入れ替えが可能です。

1. 私たちが訪れたお寺はインスタ映えする写真を撮るのに理想的な場所だった。
   The temple we visited was an ideal place <u>to take Instagrammable</u>
   <u>photos</u>.

2. そういうわけで、私たちはそこに1時間いたんだ。
   That's why <u>we stayed there for an hour</u>.

3. 今夜、どの写真をインスタに上げるか決めよう。
   <u>I'll choose which photos to post on Instagram tonight</u>.

That's why 〜「そういうわけで〜」の前に述べたこと（1.の文）が、we stayed there for an hour の理由となっています。
1. an ideal place to do 「〜するのに理想的な場所」。Instagrammable「インスタ映えする」。
2. which 〜 to do 「(いくつか選択肢があるうちの)どの〜を…するか」が choose の目的語になっています。post a photo on Instagram で「写真をインスタグラムに上げる」。

入れ替え表現集 🔄

p. 167 にも「入れ替え表現」があります。

A 紅葉の写真を撮るのに　to take photos of autumn leaves
　　野鳥の写真を撮るのに　to take photos of wild birds
　　風景写真を撮るのに　to take landscape photography
　　私たちの集合写真を撮るのに　to take our group photos
　　美しい竹林を見るのに　to see a beautiful bamboo forest

B 私たちはそこに行くために時間を割いた　we took the time to go there
　　私たちは写真を撮りながら何時間も過ごした　we spent hours taking photos
　　私はそこに行こうと主張した　I insisted on going there

☆ ☆

「こんなことが書けます」
「入れ替え表現集」
「例えばこう書く」を参考に
日記を書いてみましょう。

例えばこう書く

 066

ホテルの部屋からの夕焼け
の景色は本当に素晴らし
かった。それが、私たちがこ
のホテルを選んだ理由の1
つだった。今日の夕焼けの
写真を大切にしよう。

The sunset view from our hotel room was just marvelous. That was one of the reasons why we chose this hotel. I will treasure the photos of today's sunset.

Hint 日没、夕日：sunset　実に、本当に：just　（物など）を大切にする：treasure

diary

DATE:

私たちはそこに行くために予定を変更した　we changed our plans to visit there
友人が私たちにそこに行くことを勧めた　a friend of mine recommended that we go there
C どの写真をフォルダーに保存するか選ぶ　choose which photos to keep in the folder
どの写真をオンラインに投稿するか決める　decide which photos to post online
夫はどの写真が一番好きか尋ねる　ask which photo my husband likes best
どの写真に自分が最も良く写っているか見てみる　see which photo I look best in
私たちはどのルートを行くべきか確認する　check which route we should take

34

ご当地名物を食べる

行列なんて何のその

It was worth waiting in a long line.

こんなことが書けます 067

下線部 **A、B、C** はそれぞれ下の「入れ替え表現集」の
A、B、C と入れ替えが可能です。

1. 私たちはグルメサイトで上位にランクされていた地元のラーメン店を訪れた。
We visited a local ramen restaurant that was highly ranked on
restaurant review sites.
〈A〉

2. 人々がコメントしていたように、お店の豊かな味わいのラーメンは素晴らしかった。
As people had commented, their rich-flavored ramen was
fantastic.
〈B〉

3. お店に入るために長い列に並んで待つ価値があった。
It was worth waiting in a long line to enter the restaurant.
〈C〉

be worth -ing は「〜する価値がある」。It is worth visiting the ramen restaurant. なら「そのラーメン店は行く価値がある」。

1. that was highly ranked「上位にランクされていた」は関係代名詞that が作るかたまりで、直前のa local ramen restaurant を修飾しています。restaurant review site「レストランの評価サイト」は日本の「グルメサイト」にあたります。

2. 冒頭の as 〜は「〜するように」という意味を表す接続詞。〜 flavored は「〜な味わいの、〜風味の」で、miso flavored なら「味噌味の」となります。

3. wait in a line は「列に並ぶ」。stand in line「並ぶ」という表現もよく使います。

入れ替え表現集

p. 167にも「入れ替え表現」があります。

A ガイドブックで推薦されていた　that was recommended in a guidebook
テレビ番組に出た　that appeared on a TV program
地元の人たちに人気のある　that is popular with locals
ラーメン愛好家にとても人気のある　that is very popular with ramen lovers

B 食べ物が素晴らしかった　their food was superb
名物料理は鶏のから揚げだった　their specialty was fried chicken

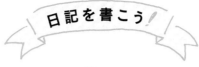

日記を書こう！

「こんなことが書けます」
「入れ替え表現集」
「例えばこう書く」を参考に
日記を書いてみましょう。

例えばこう書く

 068

私たちは山の中の細い道路沿いにある小さな食堂に立ち寄った。伝統的な建物でおいしい日本そばを食べることは素晴らしい経験だった。あのそばをもう一度食べるためにそこに行こう。

We stopped by a small restaurant that is located by a narrow road in the mountains. It was a great experience eating delicious Japanese soba in a traditional building. I'll go there again to eat that soba.

Hint　〜に立ち寄る：stop by 〜　　〜にある、〜に位置する：be located 〜

3
旅行・移動

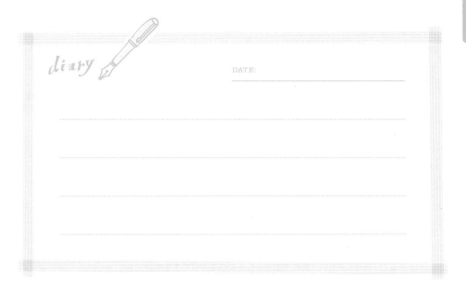

diary

DATE:

値段が驚くほど安かった　their prices were surprisingly low
腰のある麺を出した　they served chewy noodles
そこで席を予約すること　reserving a table there
そこへわざわざ行くこと　going all the way to get there
そこに行くのに長く歩くこと　taking a long walk to get to it
その店で高い料理を頼むこと　ordering the expensive dishes at that place

35

旅先の出会い

いい人そう

She seemed like a nice person.

こんなことが書けます 069　下線部 A、B、C はそれぞれ下の「入れ替え表現集」の A、B、C と入れ替えが可能です。

1. フェリーの中で高齢の女性と出会ったが、彼女はいい人そうだった。
   I met an older lady on a ferry, and she seemed like a nice person.
   <u>　　　　　　　　　　　　　　　　　　A　　　　　　　　　　　　　　　　　</u>

2. だから私たちは自分のことや旅行の経験について話し始めた。
   So, we started talking about ourselves and our travel
   experiences.
   B

3. 彼女が私の故郷の出身だと知って驚いた。なんて偶然なんだろう!
   I was surprised to learn that she was from my hometown. What
   a coincidence!
   C

seem like ～ は「～のようだ、～みたいだ」という意味です。She seemed to be a nice person. としても同じ意味を表すことができます。
1. older、elderly は「年配の、高齢の」を表す丁寧な表現です。elderly は失礼に響くこともあるので、older を使うほうが無難です。
2. start -ing で「～し始める」という意味を表しています。
3. be surprised to learn that ～「～ということを知って驚く」の learn は「(情報など) を知る」という意味で使われています。What a coincidence (it is)! 「なんという偶然なんだろう」は感嘆文。カッコ内は省略できます。coincidence は「偶然 (の一致)」。by coincidence[chance] とすると「偶然に」という意味で副詞として使うことができます。

p. 168 にも「入れ替え表現」があります。

入れ替え表現集

A 彼女はフレンドリーな人のようだった　she seemed like a friendly person
　彼女は面白い人のようだった　she seemed to be an interesting person
　彼女はちょっと具合が悪いようだった　she seemed to be a little sick

B 旅行計画について話すこと　talking about our travel itineraries
　お互いに過去の旅行経験について話すこと　telling each other about past travel
　experiences we'd had

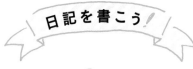

「こんなことが書けます」
「入れ替え表現集」
「例えばこう書く」を参考に
日記を書いてみましょう。

例えばこう書く

 070

金沢の町のお祭りでドイツ
から来た家族と出会った。
彼らの娘さんが日本の文化、
特にアニメが好きなことを
知ってうれしかった。彼ら
が旅行を楽しんで、日本の
ことをいっそう好きになって
くれるといいな。

I met a family from Germany at a town festival in Kanazawa. I was happy to learn that their daughter likes Japanese culture, especially anime. I hope they will enjoy their trip and come to like Japan even more.

Hint　〜が好きになる：come to like 〜　　（比較級を強調して）さらに、いっそう：even

3

旅行・移動

diary　　　　　　　　　DATE:

地元についておしゃべりすること　chatting about our hometowns
旅行者用の地図を見ること　looking at the tourist map
目的地が同じこと　that we shared the same destination
同じオプショナルツアーに参加するつもりであること　that we were going to take the same optional tour
私たちが同じホテルを予約していること　that we had reserved the same hotel

36

観光地で

長い間行きたかった場所

I was lucky enough to see sea turtles.

こんなことが書けます 071

下線部 **A**、**B**、**C** はそれぞれ下の「入れ替え表現集」の
A、**B**、**C** と入れ替えが可能です。

1. ついに私が長い間行きたかった小さな島に行った。
   I finally visited a small island I had long wanted to visit.
   　　　　　　　　　　　　　　　　　　　　　 A

2. そこの息をのむような光景に圧倒された。
   I was overwhelmed by the breathtaking scenery there.
   　　　　　　　　　　　　　 B

3. さらにいいことに、幸運にもボートからウミガメを見ることができた！
   Even better, I was lucky enough to see sea turtles from the boat!
   　　　　　　　　　　　　　　　　　　 C

be lucky enough to do は「幸運にも〜できる、〜できるほど幸運だ」という意味を表します。
1. visited という過去のある時点（島に行った時点）までずっと望んでいたという内容を had wanted という過去完了形で表しています。現在完了形の have wanted とすると、今のこの時点まで望んでいる状態が続いていることになります。
2. be overwhelmed「圧倒される」は、いいことに対しても悪いことに対しても使えます。
3. even better は「さらにいいことに」。even worse なら「さらに悪いことに」です。

入れ替え表現集

p. 168 にも「入れ替え表現」があります。

A 私が長い間行きたかった　I had long wanted to go to
　　私が長い間夢見ていた　I had long dreamed of
　　私がずっと自分の目で見たいと思っていた　I had always wanted to see for myself
　　私が一番行きたい旅行の目的地だった　that had been my No. 1 travel destination

B 峡谷の雄大な景色　the majestic scenery of the canyon
　　素晴らしい自然の美しさ　the stunning beauty of the nature
　　町の素晴らしい雰囲気　the great atmosphere of the town

日記を書こう！

「こんなことが書けます」
「入れ替え表現集」
「例えばこう書く」を参考に
日記を書いてみましょう。

例えばこう書く

 072

私が行った滝は思っていた
より大きかった。私は景色
だけでなく滝の音にも圧倒
された。実際、滝が私にあ
る種のパワーをくれるように
感じた。

The waterfalls I visited were bigger than I had thought. I was overwhelmed not only by the scenery but also the sound. I actually felt like the waterfalls gave me some kind of power.

Hint AによってだけでなくBによっても : not only by A but also (by) B

diary

DATE:

手つかずの自然　its untouched nature
豊富な自然　its abundance of nature
野生のタカの群れを見る　see a flock of wild hawks
隠されたパワースポットに行く　visit a hidden sacred place
滞在中の天気が素晴らしい　have beautiful weather during my stay
海の見える部屋に泊まる　stay in an ocean-view room
地元のお祭りに参加する　take part in a local festival

37

お土産を買う

自宅へ発送

I had the tea set shipped to my home.

こんなことが書けます 🎧 073

下線部 A、B、C はそれぞれ下の「入れ替え表現集」の
A、B、C と入れ替えが可能です。

1. 通りを散歩している時にかわいい地元の工芸品店を偶然見つけた。
   I found a cute local craft store by accident while strolling down
   the street.

2. とてもかさばって重かったけど、ティーセットを買わずにはいられなかった。
   I couldn't resist buying a tea set, though it was quite bulky and
   heavy.

3. ティーセットは発送してもらった！
   I had it shipped to my home!

〈have ＋ A ＋過去分詞〉で「A を〜してもらう」という使役の意味を表すことができます。had it shipped なら「それを発送してもらった」、had the room cleaned なら「部屋をそうじしてもらった」です。

1. while (I was) strolling「散歩している時に」はカッコ内が省略されていると考えることができます。by accident は「偶然に」。

2. resist -ing は「〜することを我慢する［こらえる］」。can't resist -ing は「〜せずにはいられない」と訳すと自然になります。bulky は「かさばる」。

p. 169 にも「入れ替え表現」があります。

入れ替え表現集

A 興味深い土産物店を見つけた　found an interesting souvenir shop
趣味のよいブティックを見つけた　found a boutique with good taste
不思議な骨とう品店をたまたま見つけた　happened to find a mysterious curio shop
地元のチョコレート店をたまたま見つけた　happened to find a local chocolate shop

B とても高かったが　though it was very expensive
壊れやすく見えたが　though it looked fragile
少ない予算で旅行していたが　even though I was traveling on a shoestring budget

日記を書こう！

「こんなことが書けます」
「入れ替え表現集」
「例えばこう書く」を参考に
日記を書いてみましょう。

例えばこう書く

 074

伝統工芸品店でかわいい
手作りのバッグが目に留まっ
た。予算をちょっと超えてい
たけど、それをお母さんの
ために買うことに決めた。お
母さんにあげるのが待ち遠
しいな。お母さんは何て言
うだろう？

A pretty handmade bag caught my
eye in a traditional craft shop. I
decided to get it for Mom, though it
was a little over my budget. I can't
wait to give it to her. What will she
say?

Hint 〜の目に留まる：catch one's eye　　予算：budget

---

diary　　　　　　　　　DATE:

既にあまりにもたくさんの物を買っていたが　even though I had already bought too
many things

しっかりと包んでもらった。　I had it wrapped securely.

海外発送のためにその重さを量ってもらった。　I had it weighed for overseas
shipping.

傷がないかそれをチェックしてもらった。　I had it checked for any damage.

それの状態がいいことを確認した。　I made sure it was in good condition.

38

旅先でのハプニング

悪天候のおかげで

due to inclement weather

こんなことが書けます 075

下線部 **A、B、C** はそれぞれ下の「入れ替え表現集」の
A、B、C と入れ替えが可能です。

1. 悪天候のため私たちが乗るフライトがキャンセルされた。
Our flight was canceled due to inclement weather.
〈A〉

2. だから那覇でもう1泊するほかなかった。
So we had no choice but to stay one more night in Naha.
〈B〉

3. でも、そのキャンセルのおかげで、沖縄でもう1日楽しむことができた。
However, thanks to that cancellation, we were able to have an
〈C〉
extra day to enjoy Okinawa.

due to 〜 は「〜のために、〜が原因で」という意味で使います。「(天候が) 悪い」はbadで表せますが、交通機関の遅延のアナウンスではinclement「(天候が) 荒れた、悪い」が使われることもあります。
1. be canceled で「キャンセルされる」。be delayedだと「(交通機関などが) 遅れる」となります。
2. have no choice but to do は「〜するほかなかった、〜するより仕方なかった」。
3. thanks to 〜は「〜のおかげで」。extra は「余分な、追加の」という意味です。

p. 169にも「入れ替え表現」があります。

入れ替え表現集

A 大雨のため　due to heavy rain
　台風のため　due to a typhoon
　吹雪のため　due to a snowstorm
　強風のため　due to strong winds

B 次の日のフライトに乗る　take a flight next day
　代わりに電車に乗る　take a train instead

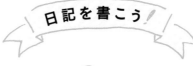

☆ ☆

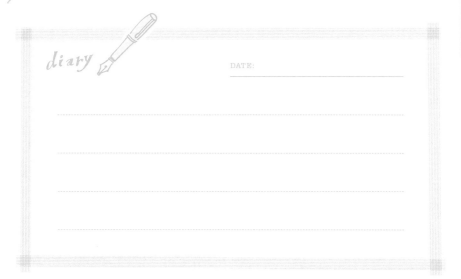

「こんなことが書けます」
「入れ替え表現集」
「例えばこう書く」を参考に
日記を書いてみましょう。

例えばこう書く

🎧 076

ローマで間違ったバスに乗っ
て迷子になった。そうしたら
親切な女性が英語も日本語
も話せないのに私のことを
助けてくれた。その人のおか
げで、私のイタリアについて
の印象は大いによくなった。

I took the wrong bus and got lost in Rome. Then, a kind woman helped me, even though she spoke neither English nor Japanese. Thanks to that person, my impression of Italy improved greatly.

Hint　A も B も～ない：neither A nor B　　印象：impression

diary　　　　　　　　　　　DATE:

空港で待ち続ける　keep waiting at the airport
予約していたホテルをキャンセルする　cancel the hotel we had reserved
C　行けなかった場所に行く　go to the places we had missed
私たちの大好きな地元の食堂を再訪する　revisit our favorite local restaurant
くつろいで疲れを取る　relax and get rid of our fatigue
町を見物する時間をもっと持つ　have more time to see the town

39

誕生会

特別な料理でお祝い

cook something special

こんなことが書けます 077

下線部 **A、B、C** はそれぞれ下の「入れ替え表現集」の
A、B、C と入れ替えが可能です。

1. 来週の日曜、息子の誕生日を祝う。
We are <u>celebrating my son's birthday</u> next Sunday.
　　　　　A

2. 彼のために何か特別なものを作りたいな。
I want to <u>cook something special</u> for him.
　　　　　B

3. 言うまでもなく、彼の誕生日プレゼントは、彼が開けられないようにもう隠している。
Needless to say, I've already <u>hidden his birthday present so that</u>
<u>he can't open it.</u>
　　　　　　　C

〈something ＋形容詞〉で「何か～なもの」という意味を表します。something tasty なら「何かおいしいもの」、something interesting なら「何か面白いもの」です。

1. celebrate「～を祝う」は celebrate our wedding anniversary「私たちの結婚記念日を祝う」のような使い方もできます。are celebrating は現在進行形でこれから先の予定を表しています。

3. Needless to say は「言うまでもなく、当然ながら」。so that ～は「～するように」という意味ですが、ここでは he can't が続いているので「～できないように」という意味になります。

入れ替え表現集 🎵

p. 170 にも「入れ替え表現」があります。

A 息子の誕生日パーティーを開く　are throwing a birthday party for our son
特別な誕生日のディナーを食べる　are having a special birthday dinner
息子の誕生日パーティーに彼の友人を招待する　are inviting my son's friends to his birthday party

B 何かおいしいものを作る　prepare something delicious
何か面白いことを計画する　plan something fun

094

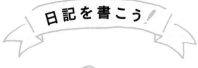

「こんなことが書けます」
「入れ替え表現集」
「例えばこう書く」を参考に
日記を書いてみましょう。

日記を書こう！

☆ ☆

例えばこう書く

 078

今日の娘の誕生日パーティーは大成功だった。私が作った特別な料理とケーキを娘がすごく気に入ってくれて、とてもうれしかった。もちろん、パーティーで一番よかったのは彼女の笑顔を見ることだった。

Today's birthday party for our daughter was a huge success. I was delighted that she loved the special dishes and cake I had prepared. Of course, the best part of the party was seeing at her smile.

Hint とてもうれしい：delighted　　最もよい部分：the best part

diary

DATE:

4

イベント

何かユニークなものを料理する　cook something unique
特別なバースデーケーキを焼く　bake a special birthday cake

C　何を食べるかを決めた　decided what we'll be having to eat
レストランの席を予約した　reserved a table at a restaurant
彼の友人に招待状を送った　sent invitations to his friends
ネットで彼の誕生日プレゼントを注文した　ordered his birthday present online

40

結婚式

披露宴に出席

I attended a wedding reception.

こんなことが書けます 🎧 079

> 下線部 **A**、**B**、**C** はそれぞれ下の「入れ替え表現集」の
> **A**、**B**、**C** と入れ替えが可能です。

1. 今日エリカの結婚披露宴に出席して、彼女のことをとてもうれしく思った。
   I attended Erika's wedding reception today and felt so happy for her.

2. 既に彼女の夫には以前に何回か会ったことがあったけど、とてもいい人でよかった。
   I'd already met her husband several times before, and I'm glad he's such a nice person.

3. 何より、ウエディングドレスを着たエリカはとてもきれいに見えた！
   And on top of all that, Erika looked so beautiful in her wedding dress!

---

attend 〜は「〜に出席する」。「〜に招待される」と言いたい場合は be invited to 〜「〜に招待される」のように受動態を使うことになります。

1. wedding reception は「結婚披露宴」。「結婚式」は wedding (ceremony) と表します。
2. had already met 〜 before「既に以前〜に会ったことがあった」は過去完了形で過去のある時点（ここでは「結婚披露宴出席時」）を基準にして、それまでの「経験」を表しています。
3. And on top of all that は「何より」。ここでの前置詞 in〜は「〜を着て」という意味です。

入れ替え表現集

p. 170 にも「入れ替え表現」があります。

A 新郎新婦を見てとてもうれしく思った　felt so happy to see the couple
彼女を見て大きな喜びを感じた　felt great joy to see her
心から新郎新婦を祝福した　congratulated the couple from the bottom of my heart

B 彼はとても親切で頼りになるからうれしい　I'm glad he is so kind and reliable
エリカがいい伴侶を見つけてうれしい　I'm glad Erika found a good partner

☆ ☆

「こんなことが書けます」
「入れ替え表現集」
「例えばこう書く」を参考に
日記を書いてみましょう。

例えばこう書く

 080

今日、エミの結婚披露宴の招待状が届いた。ついにあのカップルが結婚するから、とてもうれしいな。披露宴には何を着て行こうかな？新しいグリーンのドレスで大丈夫かな。

I got an invitation to Emi's wedding reception today. I'm so happy that the couple finally will tie the knot. What shall I wear to the reception? I wonder if my new green dress would be acceptable.

Hint ついに：finally　　結婚する：tie the knot　　受け入れられる、容認される：acceptable

---

diary

DATE:

4
イベント

彼はエリカにぴったりの伴侶だと思う　I think he is the right partner for Erika

新郎と一緒のエリカはとてもうれしそうに見えた　Erika looked so happy with her new husband

エリカの笑顔は忘れられないものだった　Erika's smile was unforgettable

エリカの両親への感謝の言葉はとても感動的だった　Erika's words of gratitude to her parents were so touching

41

正月

家族の健康を願う

I made a wish for my family's good health.

こんなことが書けます　🎧 081

下線部A、B、Cはそれぞれ下の「入れ替え表現集」の A、B、Cと入れ替えが可能です。

1. 今日は元日で家族全員が家にいる。
Today is New Year's Day, and the whole family is at home.
<u>A</u>

2. 集まって新年の特別な雰囲気を味わうことは素晴らしい。
It's great to get together and enjoy the special atmosphere of the
<u>B</u>
New Year.

3. 私は家族の健康と、できれば、収入増を願った！
I made a wish for my family's good health and, hopefully, more
<u>C</u>
income!

〈make a wish for ＋名詞〉で「(心の中で) ～を願う」を表します。
1. the whole ～で「全ての～、全員の～」。
2. Itは仮の主語です。本当の主語はto get togetherから文末のthe New Yearまでのto不定詞が作るかたまりで、「～すること」という意味を表しています。get togetherは「集まる」、atmosphereは「雰囲気」です。
3. hopefullyは「できれば、願わくば」という意味。名詞のincomeは「収入」です。

入れ替え表現集 🔄

p. 171にも「入れ替え表現」があります。

A 家族全員が座敷に集まった　the whole family gathered together in the tatami room
朝に家族全員が互いにあいさつをした　the whole family greeted each other in the morning
家族全員が雑煮を食べた　the whole family had soup that contained rice cakes
私たちは夫の両親に会いに行った　we visited my husband's parents

B 特別な新年の食べ物を楽しむ　enjoy the special New Year food

☆ ☆

「こんなことが書けます」
「入れ替え表現集」
「例えばこう書く」を参考に
日記を書いてみましょう。

例えばこう書く

 082

新年を一緒に祝えるように両親の家にいる。新年の決意は立てたが、それが何かは両親には言っていない。私の決意はできるだけたくさん両親と一緒に過ごすことだ。

I'm at my parents' home so that we can celebrate the New Year together. I made a New Year's resolution, but I haven't told them what it is. It's to spend as much time with them as possible.

Hint 新年の決意［抱負］：New Year's resolution
できるだけたくさんの彼らと一緒にいる時間：as much time with them as possible

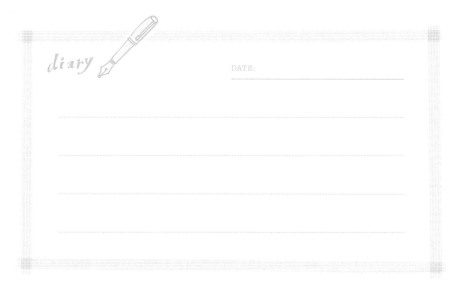

diary

DATE:

4
イベント

家で飲み食いを楽しむ　enjoy eating and drinking at home
身内と話す時間をたくさん持つ　have plenty of time to talk with relatives
C　家族の幸福　my family's happiness
家族の安全　my family's safety
家族の幸運　my family's good luck
平穏な生活　a peaceful life

42

お花見

酔っぱらってたわけじゃない

it wasn't because I was drunk

こんなことが書けます 083

下線部 **A**、**B**、**C** はそれぞれ下の「入れ替え表現集」の
A、**B**、**C** と入れ替えが可能です。

1. 天気がよかったので、友人たちとお花見ピクニックに行った。
Since the weather was nice, I went on a cherry blossom viewing **A** picnic with my friends.

2. 私たちはレジャーシートに座って、花を見ながら弁当を楽しんだ。
We sat on a picnic blanket and enjoyed boxed lunches while **B** looking at the blossoms.

3. ピンク色の花に囲まれて私はちょっとめまいを感じたけど、それは酔っぱらっていたからではないから！
Surrounded by the pink blossoms, I felt a bit dizzy, but it wasn't **C** because I was drunk!

because 〜の前に否定の not を置くと、「〜ではなく」という意味を表せます。
1. since「〜だから」は主に相手が既に知っている理由を述べる場合に使います。この文の場合は自分のために日記を書いているわけだから、since を使うのにぴったりです。
2.「レジャーシート」は和製英語なので a picnic blanket などで表します。a boxed lunch は「（箱に入った）弁当」です。現在分詞を使った while looking at は enjoyed boxed lunches と同時にしていることを表しています。
3. 過去分詞を使った Surrounded by 〜は「〜に囲まれて」という受け身の意味を表しています。feel dizzy は「頭がくらくらする、めまいがする」という意味です。

p. 171 にも「入れ替え表現」があります。

入れ替え表現集

A 天気が十分に暖かかった the weather was warm enough
今日はとてもいい天気だった today was a beautiful day

B 素晴らしい景色を楽しみながらランチを食べた had lunch while enjoying the fantastic scenery

日記を書こう！

「こんなことが書けます」
「入れ替え表現集」
「例えばこう書く」を参考に
日記を書いてみましょう。

例えばこう書く

🎧 084

1年に一度、私は山梨県の
山の中にある1本の巨大な
桜の木を訪れる。今日、そ
の木を訪れて、幸運にも満
開を見ることができた。その
木の下にいると、いつだっ
て自然の力を感じるんだ。

Once a year, I visit a huge cherry tree
in the mountains of Yamanashi
prefecture. I visited it today and was
fortunate enough to see it in full
bloom. Under that tree, I always feel
the power of nature.

Hint 幸運にも〜できる：be fortunate enough to do   満開だ：be in full bloom

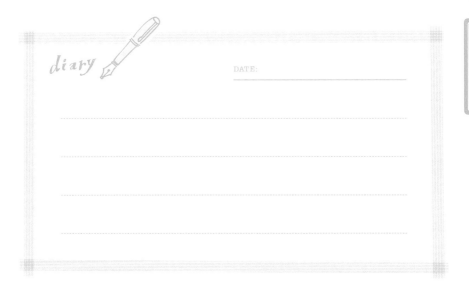

diary

DATE:

ビールを飲みながら桜の花を眺めた　looked at the cherry blossoms while drinking
some beer

c とても幸福に感じた　I felt very happy
ちょっと変な感じがした　I felt a bit strange

43 お祭り・フェスティバル

お祭りで有名

be known for its festival

こんなことが書けます 🎧 085

下線部A、B、Cはそれぞれ下の「入れ替え表現集」の
A、B、Cと入れ替えが可能です。

1. 私の町は大きな秋祭りで有名だ。

My town is known for its big autumn festival.
<u>A</u>

2. おみこしを見たり屋台で軽食を買ったりするのはとても楽しい。

It's great fun looking at the portable shrines and buying snacks
<u>B</u>
from food stalls.

3. 屋台で売っている焼きそばはいつも、家で作る焼きそばよりもずっとおいしい。

The yakisoba sold at food stands always tastes much better than
<u>C</u>
what I make at home.

be known forは「〜で有名である」はbe famous for 〜やbe renowned for 〜で言い換えることもできます。

2. この文の本当の主語はlooking atから文末のfood stallsまでの動名詞を使ったかたまりで、「〜すること」という意味を表しています。文頭のItは仮の主語です。「屋台」はfood stall、food stand、food boothなどで表せます。

3. A tastes much better than B「AはBよりもずっとおいしい」では、AのThe yakisoba sold at food standsとBのwhat I make at home「私が家で作るもの（＝焼きそば）」を比べています。muchは比較級betterを強調しています。

p. 172にも「入れ替え表現」があります。

入れ替え表現集 🔄

A 大きな花火大会で有名だ   is known for its big fireworks displays
お祭りのパレードで有名だ   is known for its festival parade
よさこい踊りのイベントでよく知られている   is well-known for its yosakoi dance event
伝統的な盆踊りでよく知られている   is well-known for its traditional Bon dance

B 江戸時代の様式の行列を見ること   watching the Edo-period style parade
飾り付けられた馬を見ること   looking at the decorated horses

「こんなことが書けます」
「入れ替え表現集」
「例えばこう書く」を参考に
日記を書いてみましょう。

☆ ☆

例えばこう書く

🎧 086

今日は地元の町の子ども祭りで手伝いをした。自分たちで焼きそばを作るのは大変だったけど楽しかった。お祭りの後は大きな達成感で満たされた。ビールがいつもよりおいしかったな。

I helped out at our town's Children's Festival today. It was hard but enjoyable making yakisoba by ourselves. After the festival, I was filled with a sense of great achievement. The beer tasted better than usual.

Hint 楽しい：enjoyable　　〜で満たされる：be filled with 〜
達成感：a sense of achievement

diary

DATE:

4
イベント

着物で着飾った全ての子どもたちを見ること　looking at all the children dressed up in kimonos
屋台の湯気を立てているたこ焼き　A steaming *takoyaki* dish from the food stands
そこのアメリカンドッグ　The corn dogs there
おじいさんが作った焼きイカ　The grilled squid made by an old guy

44

クリスマス

クリスマスの準備は万端

I'm all set for Christmas.

こんなことが書けます 🎧 087

下線部 **A、B、C** はそれぞれ下の「入れ替え表現集」の
A、B、C と入れ替えが可能です。

1. もうクリスマスツリーは飾ったし、フライドチキンとケーキは予約した。
   I've already decorated our Christmas tree and reserved fried
   chicken and a cake.
   　　　　　　　　　　　　　　　　　　　　　　A

2. 子どもたちへのプレゼントを除いて、クリスマスの準備は万端だ。
   I'm all set for Christmas except for the presents for our kids.
   　　　　　　　　　　　　　　B

3. 子どもたちにはサンタさんに手紙を書いて、クリスマスに何が欲しいか教える
   ように勧めようかしら。
   Should I encourage them to write a letter to Santa and tell him
   what they want for Christmas?
   　　　　　　　C

be all set は「すっかり準備ができている、準備万端だ」という意味です。ほかに be fully ready
for 〜や be fully prepared for 〜も「すっかり準備ができている」という意味で使います。
1. fried chicken は数えられない名詞なので、数える場合は a piece of 〜「1個の〜」、two
   pieces of 〜「2個の〜」の形や、a pack of 〜「1パックの〜」などとします。
2. except for 〜は「〜を除いて、〜以外は」という意味です。
3. 〈encourage ＋人＋ to do〉で「人に〜するよう勧める」という意味を表します。tell him（＝
   Santa）の後は What do they want? という疑問文を組み込んだ間接疑問になっています。そ
   の場合は疑問詞 what の後は〈主語（they）＋動詞（want）〉の語順にします。

入れ替え表現集 💬

p. 172 にも「入れ替え表現」があります。

A 玄関にクリスマスのリースを掛けた　hung a Christmas wreath on the front door
　クリスマスカードを全部書き終えた　finished writing all the Christmas cards
　友人たちにクリスマスカードを送った　sent Christmas cards to my friends

B 庭の飾り付けを除いて　except for our yard decorations
　リビングのそうじを除いて　except for cleaning the living room

☆ ☆

「こんなことが書けます」
「入れ替え表現集」
「例えばこう書く」を参考に
日記を書いてみましょう。

例えばこう書く

 088

ジュンと私は高級レストラン
に行ってロマンチックなクリ
スマス・ディナーを食べた。
席は11月の頭に予約したん
だ。友人たちが早めの予約
をするようアドバイスしてく
れてよかった。

Jun and I went to a fancy restaurant
and had a romantic Christmas
dinner. We reserved the table at the
beginning of November. I'm glad my
friends advised us to make an early
reservation.

Hint　高級な：fancy　予約：reservation

diary

DATE:

4
イベント

クリスマスカードを書くこと以外は　except for writing my Christmas cards
クリスマスカードを書き始めるように　to start writing Christmas cards
クリスマスのために自分の部屋を飾るように　to decorate their rooms for Christmas
自分たちで小さなクリスマスツリーを飾るように　to decorate a small Christmas tree
by themselves

日記が単調になったときは？

最初は辞書などで調べながら完成させていた英語日記も、慣れてくるとすらすら書ける文が増えてきます。しかし気がつくと、主語はいつもI、感想は常にIt was 〜.で表すなど、単調になってしまうことも。それでもいいのですが、ちょっと意識するだけでリズム感のある日記にすることができます。ここでは、簡単にできる変化の付け方やイキイキ感の出し方を紹介します。

✎ 主語を替える

日記に書く文は主語がIになりがちです。自分にまつわることを書くので当然と言えば当然ですが、同じ状況でも、主語や言い回しに変化を付けることで単調さを避けることができます。

（例1）　**サキとランチをした日記の場合**
　　　　I had lunch with Saki today.
　　　　→ Saki and I had lunch together today.

（例2）　**ご近所さんに野菜をもらった日記の場合**
　　　　I got some vegetables from my neighbor.
　　　　→ My neighbor gave me some vegetables.

（例3）　**驚きを表す文のバリエーション**
　　　　I was surprised. / It was surprising. / It surprised me.
　　　　To my surprise, ... / What surprised me was ...

✎ 最初にひとこと加える

「出来事＋感想」といった日記が続くと単調な印象を与えますが、最初にひとこと加えるとこなれた感じになります。

（例1） My husband came home late.
（夫の帰りが遅かった）

As usual, my husband came home late.
（いつものように、夫の帰りが遅かった）

（例2） It was very cold today.
（今日はとても寒かった）

The weather forecast was right! It was very cold today.
（天気予報が当たった！　今日はとても寒かった）

ユニークな書き方を取り入れる

　いつもの日記を少しユニークな書き方に変えるのも1つの方法です。例えば、文末のピリオドを感嘆符 (!) に置き換えたり、It was BIG.のように際立たせたい単語を全て大文字にしたり、I'm sooooo tired.のように、so（すごく）をsooooo（すごーーーく）と書いてみたり……。絵文字やイラストを添えたりして、感情豊かに日記を書いてみましょう。

間投詞や感嘆文を使う

　日記にイキイキ感を出すには間投詞や感嘆文も効果的です。間投詞とは、Wow!（わぁ！）、Oh no.（困ったなぁ）、Awesome!（すごい！）など、とっさに出る言葉のこと。感嘆文は、How lucky!（超ラッキー！）といった感情を強調した言い回しです。こういった表現を取り入れると、感情をリアルに表すことができます。

新しい表現をどんどん取り入れる

　自分の知っている英語だけでは表現がマンネリ化してしまいます。時には、英語ネイティブのSNSをのぞいたり、ニュアンス表現を調べたりして、新しい表現を積極的に取り入れてみましょう。I was so happy.（すごくうれしい）をI couldn't be happier.（最高に幸せ）にアップデートしたり、No wonder 〜.（どうりで〜なわけだ）、But that doesn't mean 〜.（でも、だからといって〜というわけではない）といったこなれた表現を織りまぜると、英語が一歩ネイティブに近づきます。

45

許可すべき？

allow my daughter to go to the concert

こんなことが書けます 089

下線部 **A、B、C** はそれぞれ下の「入れ替え表現集」の
A、B、C と入れ替えが可能です。

1. 娘に夜コンサートに行くことを許すべきだろうか？
   Should I allow my daughter to go to the concert at night?
   <u>A</u>

2. 難しい問題だけど、大切なことは彼女を信頼することだ。
   It's a difficult question, but the important thing is to trust her.
   <u>B</u>

3. 振り返ってみると、私は娘の年齢の頃はよくコンサートに行っていたからなあ。
   Looking back, I used to go to concerts at her age.
   <u>C</u>

〈allow ＋人＋ to do〉で「人が～することを許す」。allow の代わりに permit を使っても同じ意味を表すことができます。ちなみに〈let ＋人＋ do〉「人に～させる」という表現もあり、これは「その人がしたいようにさせる」という意味合いを持っています。

2. The important thing is to do.「大切なことは～することだ」では、to不定詞（～すること）が名詞の働きをしています。trust は「～を信頼する、信用する」。

3. look back は「振り返る」。used to do は「（今はそうではないけれど）以前はよく～していた」という過去の習慣を表します。at one's age は「～の年齢で」ということです。

p. 173にも「入れ替え表現」があります。

入れ替え表現集

A スマホを持つこと　to have a smartphone
SNSを使うこと　to use social media
イヌを飼うこと　to have a dog
アルバイトをすること　to work part time
友達の家に泊まること　to stay at her friend's house

B 彼女の立場を理解すること　to understand her position
彼女の自立心を尊重すること　to respect her independence

「こんなことが書けます」
「入れ替え表現集」
「例えばこう書く」を参考に
日記を書いてみましょう。

日記を書こう！

例えばこう書く

 090

息子には思いやりのある人
になってほしいな。だから、
家族でイヌを飼うのはいい
考えかもしれない。そうした
ら、息子はイヌを世話する
ことを通して大切なことをた
くさん学ぶだろうから。

I want my son to be a more
considerate person. So it might be a
good idea to have a dog in our family.
He would then learn many important
things through taking care of the
dog.

Hint 思いやりのある：considerate　　〜することを通して：through -ing

diary　　　　　　　　　DATE:

今日の社会を考慮すること　to consider today's society
彼女の安全を確保すること　to ensure her safety
彼女ともっとコミュニケーションを取ること　to communicate more with her

C よく放課後にアルバイトをしていた　used to work part time after school
よくユニークな服を着ていた　used to wear unique clothes
よく新しい人と出会うことを楽しんでいた　used to enjoy meeting new people
よく母親と口げんかをした　often argued with my mother

46

けんか

頑固過ぎて謝れない

too stubborn to apologize

こんなことが書けます 🎧 091

下線部 **A**、**B**、**C** はそれぞれ下の「入れ替え表現集」の
A、**B**、**C** と入れ替えが可能です。

1. 夫と今朝から話していない。
   I haven't talked with <u>my husband</u> since this morning.

2. 口論は私が相手を傷つけるようなことを口にした時から始まったんだけど、私が頑固過ぎるから謝れないのよね。
   The argument started <u>when I said something hurtful</u>, but I'm too stubborn to apologize.

3. よし、明日朝一番に彼にごめんなさいと言おう。
   Well, <u>I'll say sorry to him</u> first thing tomorrow morning.

too stubborn to apologize「頑固過ぎて謝れない」で使われている〈too＋形容詞＋to do〉の形は「…するには～過ぎる、～過ぎて…できない」という意味を表します。

1. 現在完了形を since「～以来」と一緒に使って「今朝からずっと話していない」ということを表しています。

2. argument は「口論」。類語の spat は「ささいな口論」。fight「けんか」は暴力を伴うけんかを指すこともあるので使う際は気をつけましょう。stubborn は「頑固な、強情な」。headstrong「強情な、頑固な」という単語もあります。

3. first thing tomorrow morning「明日朝一番に」は副詞として使われています。

入れ替え表現集 🔁

p. 173 にも「入れ替え表現」があります。

A 私はとても怒っている　I've been very angry
　　私はイライラしている　I've been feeling irritated
　　夫は私を見ようとしない　My husband hasn't looked at me
　　夫は機嫌が悪い　My husband has been in a bad mood

B 夫が心ないことを口にした時　when my husband said something thoughtless
　　夫が無神経な発言をした時　when my husband made an insensitive comment

☆ ☆

日記を書こう！

「こんなことが書けます」
「入れ替え表現集」
「例えばこう書く」を参考に
日記を書いてみましょう。

例えばこう書く

 092

それは息子が悪かったのだが、私は彼に厳し過ぎたのかもしれない。私は厳格過ぎるのかもしれないが、それは息子のためなんだ。今後はもっと慎重に言葉を選ぼう。

It was my son's fault, but I might have been too hard on him. Maybe I'm too strict, but it's for his sake. I'll choose my words more carefully from now on.

Hint ～の責任だ、～が悪い：be one's fault　　～したかもしれない：might have＋過去分詞
厳格な、厳しい：strict　　（人の）ために：for a person's sake　　今後は：from now on

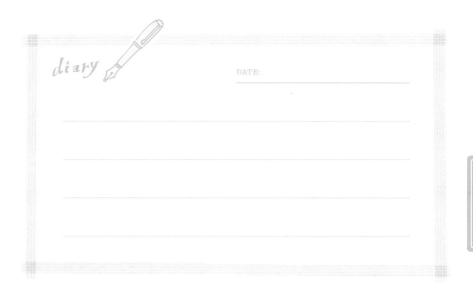

diary 　　　　　DATE:

ちょっとしたことで　over a little thing
ささいなことで　over a trivial matter

C 彼に謝ろう　I'll apologize to him
彼にほほ笑んでみよう　I'll try smiling at him
自分が間違っていたと言おう　I'll say I was wrong
明るい声で「おはよう」と言おう　I'll say "good morning" in a bright voice

111

47

家族と外出

家族っていいな

allow us to strengthen our family bonds

こんなことが書けます 🎧 093

下線部A、B、Cはそれぞれ下の「入れ替え表現集」の
A、B、Cと入れ替えが可能です。

1. 今日は家族全員でお父さんの60歳の誕生日を祝うためにレストランに行った。
Today, our entire family <u>went to a restaurant to celebrate Dad's</u> <u>60th birthday.</u>
A

2. 打ち解けた雰囲気の家族の集まりを本当に楽しんだ。
We really enjoyed <u>having a family get-together in an informal</u> <u>atmosphere.</u>
B

3. この特別な日のおかげで家族の絆を強くすることができた。
This special occasion <u>allowed us to strengthen our family bonds.</u>
C

この〈allow＋人＋to do〉は「人が〜できるようにする」という意味を表していますが、「…のおかげで人は〜できる」と訳すと自然になります。

1. entire は「全体の、全部の」。our entire family で「私たち家族全員」となります。
2. 〈have＋名詞〉は「（行事など）を催す、〜を行う、〜を食べる」。名詞 get-together は「集まり、パーティー」。ここの informal は「打ち解けた」という意味。
3. この occasion は「（記念すべき）時、日」という意味です。「家族の絆」は family bonds や family ties で表すことができます。

p. 174 にも「入れ替え表現」があります。

入れ替え表現集

A ビーチを散歩するために海辺の町に行った　went to a seaside town to stroll along the beach
バーベキューをしに公園に行った　went to a park to have a barbecue
温泉にドライブに行った　went for a drive to a hot spring

B とても気楽な雰囲気の家族の外出　having a family outing in such a casual atmosphere
とても穏やかな雰囲気の家族の再会の集い　having a family reunion in such a peaceful atmosphere

「こんなことが書けます」
「入れ替え表現集」
「例えばこう書く」を参考に
日記を書いてみましょう。

例えばこう書く

 094

今日、家族で山道をハイキ
ングして楽しい時を過ごし
た。ハイキングのおかげでい
つもよりもたくさんお互いに
話すことができた。これが
家族で外出することの明ら
かなメリットの1つだと思う。

Today, our family had a great time hiking on a mountain trail. The hike allowed us to talk to each other more than usual. I believe this is one of the clear benefits of family outings.

Hint　ハイキングをする（動詞）、ハイキング（名詞）：hike　　山道：mountain trail
利点、メリット：benefit

diary　　　　　　　　　DATE:

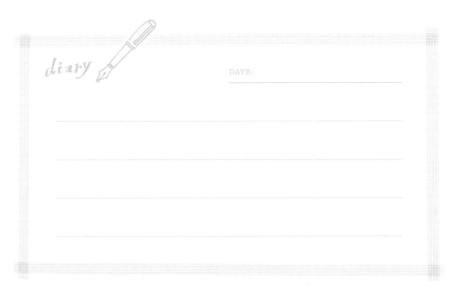

リラックスした雰囲気でとても素晴らしいディナー　having such a great dinner in a relaxed atmosphere
公園の美しい景色　the beautiful scenery at the park
C　互いへの愛を強くすること　to strengthen our love for each other
もっと互いを尊重すること　to respect each other more
もっと互いの感情を理解すること　to understand each other's feelings more
もっと仲よくなること　to get closer together

48 夫の親

お義母さんに感謝

be grateful to her

こんなことが書けます 095

下線部 A、B、C はそれぞれ下の「入れ替え表現集」の
A、B、C と入れ替えが可能です。

1. 夫のお母さんが肉じゃがを持って来てくれた。
   My mother-in-law brought us some meat and potato stew.
   　　　　　　　　　　　　　　　A

2. それは家族の大好きな料理だし、作ってくれるお母さんにはいつも感謝している。
   That's my family's favorite dish, and I'm always grateful to her
   　　　　　　　　　　　　　　　　　　　　　　　　　　　　B
   for making it.

3. 次の週末、お母さんにそれの作り方を教えてくれるよう頼もう。
   Next weekend, I'll ask her to show me how to cook it.
   　　　　　　　　　　　　　　　C

〈be grateful to ＋人＋ for 〜〉で「〜のことで人に感謝する」という意味を表せます。I'm grateful to my husband だと「夫に感謝している」、I'm grateful for her kindness なら「彼女の親切に感謝している」ということです。

1. mother-in-law は「義理の母親、しゅうとめ」、father-in-law だと「義理の父親、しゅうと」です。stew は「（肉や野菜などを）長時間、ゆっくりと煮込んだ料理」。「（肉や野菜など）を長時間、ゆっくりと煮込む」という動詞としても使われます。

3. 〈show ＋人＋ how to do〉「人に〜する方法を教える」は実際にやって見せる場合に使います。

入れ替え表現集 p. 174 にも「入れ替え表現」があります。

A 自家製の漬物を持って来てくれた　brought us some of her homemade pickles
　自分の庭から野菜を持って来てくれた　brought us some vegetables from her garden
　お団子を作ってくれた　made us some rice dumplings
　娘にセーターを編んでくれた　knitted my daughter a sweater

B 彼女の手助けに感謝している　I'm grateful for her help
　彼女の温かい心に感謝している　I'm thankful for her warm heart

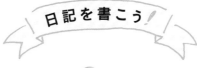

☆ ☆

「こんなことが書けます」
「入れ替え表現集」
「例えばこう書く」を参考に
日記を書いてみましょう。

例えばこう書く

096

年末年始に名古屋にいる夫の両親を訪ねる。二人はいつも私たちにとても親切だから、何かいい東京のお土産を持って行きたいな。ちょっと不安だけど、行くのを楽しみにしてもいる。

→

We are visiting my in-laws in Nagoya during the year-end and New Year season. They are always so nice to us, so I want to take them some nice souvenirs from Tokyo. I'm a bit nervous but also looking forward to the visit.

Hint　夫または妻の両親：my in-laws　　ちょっと：a bit

diary

DATE:

5
家族・ペット

彼女の思いやりに感謝している　I appreciate her thoughtfulness
彼女にはいくら感謝しても足りないくらいだ　I can't thank her enough
C　梅干しの作り方を教えてくれること　to show me how to make pickled plums
浴衣の縫い方を教えてくれること　to show me how to sew a yukata
家庭菜園の始め方を教えてくれること　to tell me how to start a vegetable garden
今年の夏はどこに行きたいか教えてくれること　to tell me where she wants to go this summer

49

うちのペット

ずっと一緒にいたい

I wish I could spend all my time with my cat.

こんなことが書けます 🎧 097 下線部 **A**、**B**、**C** はそれぞれ下の「入れ替え表現集」の **A**、**B**、**C** と入れ替えが可能です。

1. 毎朝、うちのネコがニャーと鳴いて私を起こしてくれる。
   Every morning, my cat wakes me up with a meow.

---

2. それって世界一かわいい目覚まし時計じゃない？
   Isn't that the most adorable alarm clock in the world?

---

3. いつもうちのネコと一緒にいられたらなあ。
   I wish I could spend all my time with her.

I wish I could 〜「〜できたらなあ」は願望を表す表現です。現実とは違うことを述べているので、I wish の後には仮定法が続き、could となっています。

1. 〈wake ＋人＋ up〉で「〜を起こす」。with a meow の meow は「ニャー」というネコの鳴き声を表しています。また meow は「ニャーと鳴く」という意味で動詞としても使えます。
2. Isn't that 〜? で「〜ではないですか？」と同意を求める表現です。adorable は「かわいらしい」という意味です。
3. spend all my time は直訳だと「自分の全ての時間を過ごす」という意味です。

 入れ替え表現集

p. 176にも「入れ替え表現」があります。

A うちのネコが私を起こそうとしてつま先を甘がみする　my cat bites my toe softly to wake me up
うちのネコが温まろうとして布団に入ってくる　my cat comes into my futon to get warm
うちのイヌが散歩に連れて行くよう私を起こす　my dog wakes me up to take him out for a walk
うちのイヌが玄関で私を見送る　my dog sees me off at the front door

B 1日の最もよい始め方　the best way to start a day
ペットの最もかわいい点の1つ　one of the cutest things about pets

日記を書こう！

「こんなことが書けます」
「入れ替え表現集」
「例えばこう書く」を参考に
日記を書いてみましょう。

☆ ☆

例えばこう書く

 098

今夜、私はお母さんの健康
状態を心配していた。する
とうちのイヌがそれに気づい
て心配そうに私のことを見
た。うちのイヌは人の感情
を理解できるほど頭がいい。

I was worried about my mom's health condition tonight. Then my dog sensed it and looked at me anxiously. My dog is smart enough to understand people's feelings.

Hint　健康状態：health condition　〜に気づく、〜に感づく：sense
　　　心配そうに：anxiously

diary

DATE:

ペットを飼うことの最もよい点の1つ　one of the best things about having pets
心温まる朝の日課　a heartwarming morning routine

C　職場にうちのネコを連れて行くことができたら　could take my cat to work with me
うちのネコといつも一緒にいられたら　could stay with my cat 24/7*
*24/7: 24 hours a day, 7 days a week
うちのイヌが考えていることが理解できたら　could understand what my dog is thinking
仕事に行かなくてもよかったら　didn't have to go to work

117

50

看病

ひと安心

I'm relieved.

こんなことが書けます 🎧 099

下線部 A、B、C はそれぞれ下の「入れ替え表現集」の A、B、C と入れ替えが可能です。

1. 息子は3日間病気で寝ている。
   My son has been sick in bed for three days.
   <u>A</u>

2. でも、彼の熱が今日の午後下がり始めたからほっとしている。
   However, I'm relieved because his fever began to go down this afternoon.
   <u>B</u>

3. 彼は若くて強いから、きっとすぐに回復するわ。
   I'm sure he'll recover soon because he is young and strong.
   <u>C</u>

be relieved は「ほっとしている、安心している」。2.の文は that 節を続けて I'm relieved that his fever began to go down this afternoon.「今日の午後彼の熱が下がり始めたことにほっとしている」とすることもできます。

1. 現在完了形を使って、現時点まで3日間ずっと病気で寝ていることを表しています。for ～「～の間」は期間を表しています。「～からずっと」の場合は since ～ とします。

2. 熱が「上がる／下がる」は go up / go down で、「熱がある」は have a fever で表すことができます。

3. recover は回復する。recover from ～「～から回復する」の形でもよく使います。recover from my cold だと「風邪から回復する」です。get better「よくなる」という表現もあります。

入れ替え表現集 🔄

p. 175 にも「入れ替え表現」があります。

A 2、3日の間具合が悪い　has been feeling sick for a couple of days
昨日から高熱に苦しんでいる　has been suffering from a high fever since yesterday
月曜からインフルエンザを患っている　has been suffering from the flu since Monday
昨夜ひどい咳をし始めた　started to cough badly last night

B 彼の腹痛が消え始めた　his stomachache has started to go away

日記を書こう！

「こんなことが書けます」
「入れ替え表現集」
「例えばこう書く」を参考に
日記を書いてみましょう。

☆ ☆

例えばこう書く

 100

昨夜、夫は咳をし始めて、微熱があった。だから彼におかゆを作ってあげて、風邪薬をあげた。彼は回復したようだけど、念のために1日休みを取るように言おう。

Last night, my husband started to cough and had a slight fever. So I made him some rice porridge and gave him some cold medicine. It seems he has recovered, but I'll tell him to take a day off just to be safe.

Hint 微熱 : slight fever　おかゆ : rice porridge　念のために : just to be safe

diary

DATE:

5
家族・ペット

彼の咳がやっと止まった　his cough has finally stopped
彼の体調は少しずつよくなりつつある　his condition is getting better little by little
C 彼は病気から回復するだろう　he'll recover from his sickness
彼は近いうちに完全に回復するだろう　he'll fully recover sometime soon
彼はすぐによくなるだろう　he'll get better before long

119

[コラム4]

さっと書ける"気持ち英語"

日記に書くことが多い「気持ち」。さっと書ける簡単な表現や、使ってみたいネイティブ表現をまとめました。日記や会話で使ってみてください。

Yes!
やった！

Lucky me!
ツイてる！

I had a ball.
めっちゃ楽しかった。

It was hilarious.
すっごく笑えた。

I was flattered.
お世辞でもうれしかった。

I can't wait.
楽しみ。

I'm jealous.
うらやましい。

Phew.
ホッ。

What a coincidence!
すごい偶然！

Hmm, I wonder why.
ふーむ、なんでだろう？

I felt like I was walking on air.
天にも昇る心地だった。

What a letdown.
あ〜あ、がっかり！

What a shame!
残念だな！

Oh, well.
仕方ないか。

I felt like crying.
泣きたい気持ちだった。

Tears welled up in my eyes.
涙があふれてきた。

I cried in sympathy.
もらい泣きしちゃった。

I'm sick of it.
もううんざり。

I had butterflies in my stomach.
めっちゃ緊張した。

I thought I was going to die.
死ぬかと思った。

Give me a break.
いい加減にしてよ。

I can't stand it.
我慢の限界。

It could've been worse.
その程度で済んでよかった。

What should I do?
どうしよう?

I can't decide.
悩むなぁ。／迷うなぁ。

51

喜び（デートに誘われた）

わーい！

I was so delighted.

こんなことが書けます 🎧 101

下線部 **A**、**B**、**C** はそれぞれ下の「入れ替え表現集」の
A、**B**、**C** と入れ替えが可能です。

1. ケンが私にメールを送って、私をデートに誘ってきた！
Ken texted me and asked me for a date!
<u>A</u>

---

2. そのメッセージを受け取ってとってもうれしかった。
I was so delighted to receive that message.
<u>B</u>

---

3. ワクワクするなあ。もうデートに何を着て行くか考えている。
I'm so thrilled. I'm already thinking about what to wear on the
<u>C</u>
date.

be delighted は「とてもうれしい」。be delighted to do だと「〜してとてもうれしい」という意味
になります。be delighted to hear the news なら「その知らせを聞いてとてもうれしい」となります。
1. 動詞 text には「（スマホなどから）〜にメールを送る」という意味があります。〈ask ＋人＋ (out)
for a date〉は「人をデートに誘う」ということです。out は省略できます。
2. be thrilled は「ワクワクしている、喜んでいる」。what to do は「何を〜すべきか」という意味
を表しています。

p. 176 にも「入れ替え表現」があります。

入れ替え表現集

A 彼とデートするよう頼んできた　asked me to go out with him
　　彼とディナーに行くよう頼んできた　asked me to go to dinner with him
　　彼とドライブに行くよう頼んできた　asked me to go for a drive with him
　　ディナーに招待してくれた　invited me out to dinner

B 彼からメッセージをもらって　to get a message from him
　　彼から直接メッセージを受け取って　to receive a message from him directly
　　彼が私のことを好きだと知って　to know that he likes me

日記を書こう！

「こんなことが書けます」
「入れ替え表現集」
「例えばこう書く」を参考に
日記を書いてみましょう。

例えばこう書く

🎧 102

ケンとの初デートがうまく
いってうれしい。彼はとても
いい人だ。彼と一緒にいる
ことを本当に楽しんだ。彼
も私と同じように感じている
といいなあ。

I'm pleased that my first date with Ken went well. He's great. I really enjoyed being with him. I hope he's feeling the same way as I am.

Hint うれしい、喜んでいる：be pleased　　うまくいく：go well

diary ✒

DATE:

6

感情

C
デートに誘われて　to be asked for a date
どこに行けるか考えている　thinking about where we can go
ピンクのドレスを着るべきどうか考えている　thinking about whether I should wear my pink dress
デートのためにヘアスタイルを変えることを考えている　thinking about changing my hairstyle for the date
どこでディナーを食べられるか計画している　planning where we can have our dinner

52

後悔（無駄遣い）

買わなきゃよかった

I shouldn't have bought it.

こんなことが書けます 🎧 103

下線部 **A、B、C** はそれぞれ下の「入れ替え表現集」の
A、B、C と入れ替えが可能です。

1. ネットでこのセーターを買うべきではなかった。
I shouldn't have bought this sweater online.
　　　　　　　　　　　　　　A

2. ほかの服と合わないから、まったく着ていないのよね……。
It doesn't match my other clothes, so I haven't worn it at all.
　B

3. 今後はセールになっている時でも、衝動買いをしないように気をつけよう。
In the future I'll be careful not to buy anything on impulse,
even when things are on sale.
　　　　　　　　　　　　　　　　C

〈should not have ＋過去分詞〉は「〜すべきではなかった」という意味で、過去にしたことに対する後悔を表しています。ちなみに〈should have+ 過去分詞〉なら「〜すべきだった」と、過去にしなかったことに対する後悔を表すことができます。I should have bought that sweater. なら「あのセーターを買うべきだった」ということになります。
　2. match は「〜に調和する、〜に合う」。at all は否定文で「全然〜（ない）、少しも〜（ない）」という意味を表します。
　3. on impulse は「衝動的に」、even when 〜は「〜の時でさえ［でも］」。on sale は「特価で、セールで」。

p. 176 にも「入れ替え表現」があります。

入れ替え表現集

A このジーンズを買った　have bought this pair of jeans
　　こんなに細身のジャケットを買った　have bought such a tight jacket
　　そのセールであまりにもたくさんの物を買った　have bought so many things at the sale
　　この明るい黄色を選んだ　have chosen this bright yellow color

B この色は私に似合わない　This color doesn't look good on me
　　このシャツはちょっときつ過ぎる　This shirt is a bit too tight

「こんなことが書けます」
「入れ替え表現集」
「例えばこう書く」を参考に
日記を書いてみましょう。

例えばこう書く

🎧 104

昨日、オンラインでスカートを5000円で買った。でも別のショッピングサイトで同じスカートを3500円で見つけたところだ！ 買う前にいくつかのウェブサイトで価格を比較すべきだった。次はもっと気をつけよう！

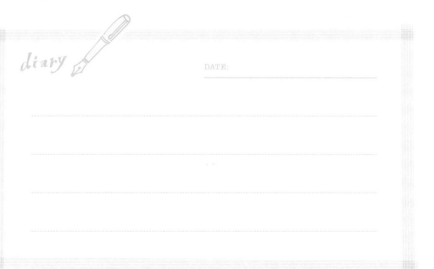

Yesterday, I bought a skirt online for 5,000 yen. But I've just found the same skirt for 3,500 yen on another shopping site! I should have compared the prices on several websites before buying it. I'll be more careful next time!

Hint 〜を比較する：compare

diary

DATE:

6
感情

このジャケットはフォーマル過ぎる　This jacket looks too formal
この冬用コートは重過ぎる　This winter coat is too heavy
C 不必要な物を買わないように　not to buy any unnecessary things
お金を無駄にしないように　not to waste my money
予算以上にお金を使わないように　not to spend more than my budget
お金を使う前にしっかり考えるように　to think properly before spending my money

53

疑念（通販）

これって役に立つの？

I wonder if it would be useful.

こんなことが書けます   105

下線部 **A**、**B**、**C** はそれぞれ下の「入れ替え表現集」の
A、**B**、**C** と入れ替えが可能です。

1. カタログで面白そうな台所用品を見つけた。
   I found an interesting kitchen tool **A** in a catalog.

---

2. カタログには商品についていいことが書いてあるけど、実際に役立つのかなあ。
   The catalog says good things about the item, but **I wonder if it would actually be useful**. **B**

---

3. その商品について少し考えてから注文すべきかどうか決めたほうがいいな。
   I should **take a little time to think about it** **C** and then decide whether to order it.

I wonder if ～で「～かなあ（と思う）」という意味を表します。if の後が〈主語（it）＋推量を表す助動詞（would）＋動詞（be）〉の語順になっていることに注意してください。

1. 本や雑誌などに載っていることを指す場合は、in a catalog のように前置詞には in を使います。オンライン、ウェブの場合は、on a shopping site のように on を使います。

2. say には「（本・看板などに）～と書いてある」という意味があります。The sign says no parking. だと「標識には駐車禁止と書いてある」ということです。

3. time to do は「～するための時間」、whether to do (or not) は「～すべきかどうか」という意味で、カッコ内は省略できます。

p. 177 にも「入れ替え表現」があります。

入れ替え表現集

A カタログでかわいい毛布　a cute blanket in a catalog
通販カタログでパワフルなヘアドライヤー　a powerful hair dryer in a mail-order catalog
雑誌広告でコンパクトな運動器具　a compact exercise machine in a magazine ad
オンラインで安いスマートウォッチ　an inexpensive smartwatch online

B 効果があるのだろうか　if it would be effective

例えばこう書く

 106

先週金曜日にいとこの誕生
日プレゼントをネットで注
文した。サイトには商品は
3営業日以内に発送すると
書いてあった。もう月曜日
だから、遅くとも明日には出
荷してほしいと本当に思う。

I ordered a birthday present online
for my cousin last Friday. The site
said that they would send the item
within three business days. It's
already Monday, so I do hope they'll
ship it tomorrow at the latest.

Hint　〜以内に：within 〜　　営業日：business day　　遅くとも：at the latest

diary　　　　　　　　　DATE:

6

感情

価格に見合うのだろうか　if it would be worth the price
家事に役立つのだろうか　if it would be helpful for housework
健康を改善するのに役立つのだろうか　if it would help to improve my health

C　2、3日それについて考える　think about it for a couple of days
じっくり考える時間を取る　take some time to consider it
家族に相談する　consult my family

54

驚き（心に残る体験）

私にこんな才能が！？

I was astonished.

こんなことが書けます 🎧 107

下線部 **A**、**B**、**C** はそれぞれ下の「入れ替え表現集」の
A、**B**、**C** と入れ替えが可能です。

1. 市の写真コンテストに参加したものの、あまり期待していなかった。
   I entered a photography contest in our city and didn't expect much.

---

2. だから、3枚の自分の写真が賞を取ったことを知ってびっくりした。
   So I was astonished to find out three of my photos won prizes.

---

3. 私に写真撮影の才能があるとは知らなかった。信じられない！
   I didn't know I had a talent for photography. Unbelievable!

be astonished to do で「〜してびっくりする」という意味。be astonished at[by] 〜「〜にびっくりする」という表現もあり、I was astonished at the result. だと「結果にびっくりした」となります。

1. enter a contest で「コンテストに参加する」。expect much (from 〜)「(〜に)多くを期待する」は決まり文句として覚えておきましょう。
2. win は「(賞、勝利など)を勝ち取る」。prize は「賞」、the first[second] prize で「1等 [2等] 賞」。win the contest「コンテストで優勝する」という表現もあります。
3. talent for 〜は「〜の才能」、photography は「写真撮影技術」という意味です。

入れ替え表現集

p. 177 にも「入れ替え表現」があります。

A 雑誌の俳句コンテストに参加した　entered a magazine's haiku contest
地元の絵画コンテストに参加した　joined a local painting contest
地元のカラオケコンテストに参加した　participated in a local karaoke contest
短編小説コンテストに参加した　took part in a short-novel contest

B 自分の写真が1等賞に選ばれたと知って　to find out that my photo was awarded first prize

日記を書こう！

「こんなことが書けます」
「入れ替え表現集」
「例えばこう書く」を参考に
日記を書いてみましょう。

例えばこう書く

🎧 108

運だめしに宝くじ券を買った。10万円当たったことを知って仰天した。そんなにラッキーなことが私に起ころうとは思ってもみなかった！

I bought some lottery tickets to try my luck. I was amazed to find out that I had won 100,000 yen. I didn't think such a lucky thing would ever happen to me!

Hint　宝くじ：lottery　　運をためす：try one's luck

diary

DATE:

6

感情

受賞者のリストで自分の名前を見つけて　to find my name in the winners' list
自分の陶器がコンテストで優勝したと知って　to know my pottery won the contest
受賞者の発表を聞いて　to hear the announcement of the winners

C　持って生まれた芸術の才能がある　I had a natural talent for art
芸術を生み出す才能がある　I had a talent for creating art
文芸の才能がある　I had an ability for creative writing

55

決心（目標を立てる）

よし、がんばるぞ！

I'm determined to climb that mountain.

こんなことが書けます 🎧 109

下線部 **A**、**B**、**C** はそれぞれ下の「入れ替え表現集」の
A、**B**、**C** と入れ替えが可能です。

1. 最近、登山に本当に夢中だ。
I'm really into mountain climbing these days.
<u>A</u>

---

2. 今は初心者だけど、経験を積むことでエキスパートになりたい。
Although I'm a beginner now, I want to become an expert by
<u>B</u>
gaining experience.

---

3. だから、できるだけ多くの山に登ることを決意しているんだ。
So I'm determined to climb as many mountains as possible.
<u>C</u>

be determined to do は「〜することを決意している」。また I've decided to do「〜することを
決めている」でも近い意味を表すことができます。
1. be into 〜は「〜に夢中だ、〜にはまっている」ということです。
2. although は「〜だが、〜だけれども」。gain experience「経験を積む」の gain は「〜を得る」
という意味で使われています。
3. as many 〜 as possible で「できるだけ多くの〜」。〜が数えられない名詞の場合は、as
much time as possible「できるだけ多くの時間」のように much を使います。

p. 178 にも「入れ替え表現」があります。

入れ替え表現集

A トレーニングに本当に夢中だ　I'm really into working out
ケーキを焼くことに夢中だ　I'm into baking cakes
川釣りに興味がある　I'm interested in river fishing
サーフィンをするのに多くの時間を費やしている　I spend a lot of time surfing

B スキルを上達させたい　I want to improve my skills
もっとよい登山家になりたい　I want to become a better climber
趣味を上達させたい　I want to become better at my hobby

☆ ☆

日記を書こう！

「こんなことが書けます」
「入れ替え表現集」
「例えばこう書く」を参考に
日記を書いてみましょう。

例えばこう書く

 110

この頃、ウオーキングに多く
の時間を費やしている。時
には何日もかけて長距離を
歩きたい気がすることもある。
今、いつか東京の日本橋か
ら京都の三条大橋まで歩く
ことを決意しているんだ。

Nowadays, I spend a lot of time walking. Sometimes I feel like walking long distances over several days. Someday I'm determined to walk from Nihonbashi, Tokyo to Sanjo Ohashi, Kyoto.

Hint この頃、最近：nowadays　　距離：distance

diary

DATE:

6

感情

| エキスパートとして認められたい　I want to become recognized as an expert
C | できるだけ多くのエキスパートと会う　meet as many experts as possible
| できるだけ多くのレッスンを受ける　take as many lessons as possible
| トレーニングにできるだけ多くの時間を費やす　spend as much time as possible on my training
| できるだけ頻繁にトレーニングする　train as often as possible

56

心配（相談事）

彼女のことが心配

I'm concerned about her.

こんなことが書けます 🎧 111

下線部 **A**、**B**、**C** はそれぞれ下の「入れ替え表現集」の
A、**B**、**C** と入れ替えが可能です。

1. アラキさんは仕事のストレスで落ち込んでいるようだ。
It seems Araki-san is feeling down because of work stress.

---

2. 彼女のことが心配だから、上司に相談したほうがいいかな。
I'm concerned about her, **so maybe I should have a talk with
our boss.**

---

3. 彼女がすぐに元気を取り戻せたらいいんだけど。
I hope she can get her energy back soon.

---

be concerned about 〜で「〜のことが心配だ」。concerned は文脈によっては「関心がある」
という意味を表すことがあるので注意しましょう。例えば be concerned with today's politics だ
と「今日の政治に関心がある」ということです。

1. It seems (that) 〜で「〜のようだ、〜のように思われる」という意味になります。feel down「落
   ち込む」は feel depressed と言い換え可能です。
2. have a talk with 〜は「〜と話す」。動詞 talk を使った talk with 〜でも表せます。
3. get one's energy back は「〜の元気を取り戻す」。refresh oneself「元気を取り戻す」とい
   う表現もあります。

p. 178 にも「入れ替え表現」があります。

入れ替え表現集

A 新規プロジェクトでストレスを感じている is feeling stressed by her new project
低い賃金に不満を感じている is feeling frustrated by her low wages
仕事量にストレスがたまっている is stressed out by her workload
最近具合が悪い is not feeling well these days

B 上司に相談したほうがいい I should consult our boss
彼女を励ますために何かしたほうがいい I should do something to encourage her

「こんなことが書けます」
「入れ替え表現集」
「例えばこう書く」を参考に
日記を書いてみましょう。

☆ ☆

例えばこう書く

🎧 112

私は疲れやすいから、最近
自分の健康を心配している。
たぶんお医者さんに相談し
に行ったほうがいいな。心
配することが何もなければ
安心できるだろうし。

I get fatigued easily, so I've been
concerned about my health recently.
Perhaps I should go consult a doctor.
If there's nothing to worry about,
then I'll be able to feel relieved.

Hint 疲れる、疲労困憊する：get fatigued　　〜に相談する：consult
安心する：feel relieved

diary

DATE:

6

感情

昼食を食べながら彼女と話そう　I'll talk with her over lunch
彼女を夕食に連れ出して話そう　I'll take her out to dinner and talk
C 彼女が元気を取り戻す時間を取れる　she can take some time to refresh herself
彼女がすぐに元気を取り戻せる　she can regain her energy quickly
彼女が頼れる人がいることを知っている　she knows she has people she can rely on
彼女がもっと自分に自信を持てる　she can gain more confidence in herself

57

誇り（よくやった）

すごいぞ、自分！

I'm very proud of myself.

こんなことが書けます 🎧 113

下線部 **A**、**B**、**C** はそれぞれ下の「入れ替え表現集」の
A、**B**、**C** と入れ替えが可能です。

1. TOEIC のスコアが 120 点も上がったなんて信じられない！
   I can't believe my TOEIC score increased by 120 points!
   A

2. 言うまでもなく、自分のことをすごく誇りに思っている。
   Needless to say, I'm very proud of myself!
   B

3. 今、これまで以上に英語を勉強しようという気になっている。
   Now I'm motivated to study English more than ever.
   C

be proud of 〜で「〜のことを誇りに思う」。自身のことを誇りに思う場合は〜の位置に oneself
の形（ここでは myself）を入れます。
1. increased by 120 points「120 点上がった」の前置詞 by 〜「〜の差で、〜だけ」は「（数値な
   どの）差異」を表しています。The temperature rose by 2 degrees. なら「温度が 2 度上がっ
   た」です。
2. Needless to say の代わりに Of course「もちろん」や Obviously「言うまでもなく」も使え
   ます。
3. be motivated to do は直訳だと「〜する意欲［やる気］がある」という意味になります。more
   than ever は「これまで以上に、ますます」ということです。

p. 179 にも「入れ替え表現」があります。

入れ替え表現集

A 昇進試験に合格した　I passed the promotion test
　係長に昇進した　I was promoted to section chief
　年間最優秀営業部員賞を授与された　I was awarded the best salesperson of the
　year
　1 カ月で 3 キロ減量した　I lost 3 kilograms in one month

B 自分自身に満足している　I'm happy with myself
　自分はよくやったと思う　I think I did a great job

☆ ☆

例えばこう書く

 114

息子は事故に遭った男性の命を救って、感謝状を受け取った。彼のことをどんなに誇りに思っているか！ 彼が地域社会にいいことをしたのでうれしいなあ。

My son saved a man's life after he'd had an accident and received a letter of gratitude. How proud I am of him! I'm happy that he did something good for the community.

Hint 感謝状 : letter of gratitude

「こんなことが書けます」「入れ替え表現集」「例えばこう書く」を参考に日記を書いてみましょう。

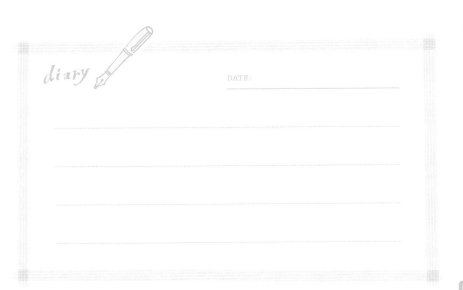

diary

DATE:

6

感情

C 自分が達成したことにすっかり満足している I'm totally satisfied with my achievements
自分が成し遂げたことに誇りを持っている I take pride in what I've accomplished
英語を上達させようという気になっている I'm motivated to improve my English
喜んでもっと努力する I'm happy to make more effort
もっとがんばって働くことをいとわない I'm willing to work harder
以前より自分に自信がある I feel more confident about myself

58

いい気分（ほめられた）

うれしかった

I was flattered.

こんなことが書けます 🎧 115

下線部 **A**、**B**、**C** はそれぞれ下の「入れ替え表現集」の
A、**B**、**C** と入れ替えが可能です。

1. 思い切ってボブカットにしてもらった。
   I took the plunge and got a bob haircut.
   A

2. 同僚たちが私の新しい髪形に気づいて、似合うと言ってくれた。
   My colleagues noticed my new hairstyle and said it suited me.
   B

3. 彼女たちのコメントがうれしかったな。
   I was flattered by their comments.
   C

be flattered は「（ほめられて）うれしい、光栄だ」という意味で使われます。またほめられた時などに使う You flatter me.「（お口が）お上手ですね」という表現もあります。
1. take the plunge は「思い切ってやる」。この名詞 plunge は「飛び込むこと」という意味を持っています。a bob haircut は日本語で言うところの「ボブカット」です。
2. suit は「〜に似合う」。look good on 〜 という表現で言い換えることもできます。
3. by their comments「コメントによって」の部分には to hear their comments「彼女たちのコメントを聞いて」を入れることもできます。

入れ替え表現集 🔁

p. 179 にも「入れ替え表現」があります。

A 職場にピンクのスーツを着て行った　wore a pink suit to work
オフィスに短めのスカートをはいて行った　wore a short skirt to my office
職場でメガネをかけていた　wore my glasses at work
お化粧のスタイルを変えた　changed the style of my makeup

B 夫が私の新しいコートを見た　My husband looked at my new coat
娘が朝食の時に私の髪形に気づいた　My daughter noticed my hairstyle at the breakfast table

☆ ☆

「こんなことが書けます」
「入れ替え表現集」
「例えばこう書く」を参考に
日記を書いてみましょう。

例えばこう書く

 116

生まれて初めてマフィンを焼
いて、パーティーでお客さん
に出した。みんながマフィン
を食べてみて、私のお菓子
作りをほめてくれた。お客さ
んがマフィンを全部平らげて
くれて、とてもうれしかった。

I baked muffins for the first time in
my life and served them to the guests
at the party. They all tried them and
praised my baking. I was delighted
that they ate them all up.

Hint　生まれて初めて：for the first time in one's life　　〜をほめる：praise
　　　私のお菓子作り：my baking　　〜を平らげる：eat up 〜

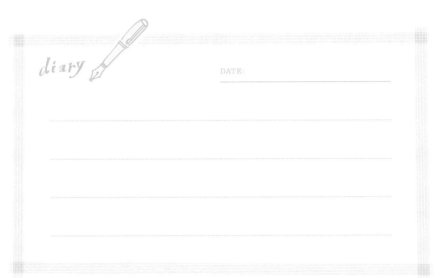

diary

DATE:

6

感情

上司が私のピンクのスーツをじっと見た　My boss stared at my pink suit
同僚が私の髪の色の変化に気づいた　My colleague noticed the change in my hair
color

C　彼のよい感想に　by his nice remarks
彼女のほめ言葉に　by her compliment
彼女の親切な言葉に　by her kind words
彼女のコメントを聞いて　when I heard her comment

59

複雑（いろいろな立場）

彼一人が悪いわけじゃない

I don't think it was entirely his fault.

下線部 **A**、**B**、**C** はそれぞれ下の「入れ替え表現集」の**A**、**B**、**C**と入れ替えが可能です。

こんなことが書けます 🎧 117

1. アキがボーイフレンドと口論したことを話してくれた。
Aki told me about <u>an argument she had with her boyfriend</u>.
A

......

2. 話を聞くと、全部ケンのせいだったとは思わないな。
Hearing her story, <u>I don't think it was entirely Ken's fault</u>.
B

......

3. とにかく、彼女たちはいつものようにすぐに仲直りすると思う。
Anyway, <u>I think they will make up soon as usual</u>.
C

---

it was entirely Ken's fault「それは完全にケンのせいだった」の fault は「（過失・失敗などに対する）責任」という意味を表す名詞です。

1. argument with 〜で「〜との口論」という意味でなります。
2. 文頭の Hearing 〜は「〜を聞いて」という意味で使われています。この文は I heard her story and I don't think ...「彼女の話を聞いた、そして私は〜とは思わない」と表すこともできます。
3. make up は「仲直りする」。as usual は「いつものように」ということです。

p. 180 にも「入れ替え表現」があります。

入れ替え表現集

A ケンとの最近の口論　a recent argument she had with Ken
ケンに対する不満　her complaints about Ken
ケンに対して感じる不満　the frustration she feels toward Ken
彼女が行わなければならない不公平な量の家事　the unfair amount of housework she has to do

B アキが全てをケンのせいにできるとは思わない　I don't think Aki can entirely blame Ken
ケンが完全に悪いとは思わない　I don't think Ken is totally in the wrong

日記を書こう！

「こんなことが書けます」
「入れ替え表現集」
「例えばこう書く」を参考に
日記を書いてみましょう。

例えばこう書く

 118

アキが私に、多くの人がSNSに依存してしまうと教えてくれた。そのとおりだけど、同時に、SNSの利便性は手放せない。だから、適度に使うことが大切だと私は思う。

Aki told me that many people get addicted to social media. That's true, but at the same time, we can't give up the convenience of social media. So I think the important thing is to use it in moderation.

Hint　〜に依存してしまう：get addicted to 〜　　同時に：at the same time
適度に：in moderation

diary　　　　　　　　DATE:

6

感情

C　アキにも一部責任があると思う　I think Aki is partly to blame
アキはケンに厳し過ぎると思う　I think Aki is being too hard on Ken
彼女たちはそのうち仲直りするだろうと思う　I know they will make up before long
アキはケンと仲直りしようとするつもりだ　Aki is going to try to make up with Ken
いつものように彼女たちはこれを乗り越えるだろう　they will get over this as always
この口論で結局彼女たちはもっと仲よくなるだろう　this argument might end up
bringing them closer

60

感動（スポーツ観戦）

最もエキサイティングな瞬間

the most exciting moment

こんなことが書けます 🎧 119

> 下線部 **A**、**B**、**C** はそれぞれ下の「入れ替え表現集」の
> **A**、**B**、**C** と入れ替えが可能です。

1. その選手がペナルティーキックを決めた。
   The player scored a penalty.
   　　　　　　　　　A

....

2. すると静かな観客が突然歓声を上げた。
   Then the quiet spectators burst into a cheer.
   　　　　　　　　B

....

3. それが試合で最もエキサイティングな瞬間だった。
   It was *the most exciting moment* of the game.
   　　　　　　C

the most exciting moment は〈形容詞の最上級＋名詞〉で「最もエキサイティングな瞬間」という意味を表します。-er、-est に活用する形容詞の場合は、例えば the youngest player on the national team「代表チームで最も若い選手」のようになります。

1. score a penalty は「ペナルティーキックを決める」、score a goal は「ゴールを決める」。野球の場合は score a run「点を挙げる」、バスケットボールやバレーボールなどは score a point となります。

2. スポーツの試合の「観客」は通常は spectator で表し、コンサートや劇の「観客」は audience で表します。burst into ～「突然～し始める」の～には名詞が入り、burst into tears だと「突然泣き始める」ということです。なお、burst の活用は burst-burst-burst です。

入れ替え表現集 🔁

> p. 180 にも「入れ替え表現」があります。

A 前半に2ゴールを決めた　scored two goals in the first half
後半10分にゴールを決めた　scored a goal 10 minutes into the second half
アディショナルタイムで決勝点を挙げた　scored the winning goal during additional time
ゴールを決める絶好のチャンスを逃した　missed a great chance to score a goal

B 観客が突然喜んで歓声を上げた　the spectators suddenly roared with joy
観客がショックを受けて悲鳴を上げた　the spectators screamed in shock

☆ ☆

「こんなことが書けます」
「入れ替え表現集」
「例えばこう書く」を参考に
日記を書いてみましょう。

例えばこう書く

 120

大好きなバッターを見なが
ら、私はテレビの前にじっと
座っていた。ツーストライク
の後、彼は満塁ホームラン
を打った！ その瞬間、私は
喜んで飛び上って「やった！」
と叫んだ。

I was sitting still in front of the TV,
watching my favorite batter. After
two strikes, he hit a grand slam
homer! At that moment, I jumped up
with joy and screamed, "Hooray!"

Hint　じっと座る：sit still　　満塁ホームラン：a grand slam homer　　やった！：Hooray!

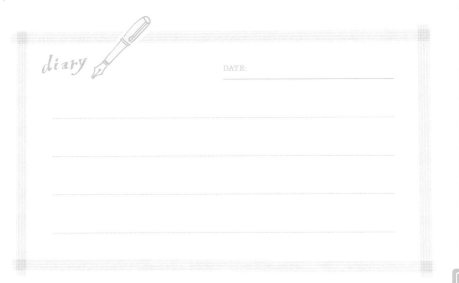

diary

DATE:

6

感情

観衆が大興奮した　the crowd got really excited
ゲームがハラハラする展開になり始めた　the game started to become thrilling

C　チームにとって最もきつい時間帯　the toughest period for the team
チームがやらかした最悪のエラー　the worst error that the team had ever made
試合で最も素晴らしいシュートの1つ　one of the greatest shots of the game
試合をひっくり返すための最後のチャンス　the last chance to turn the game around

61

応援（声援を送る）

大好きなチームを応援する

cheer for our favorite team

下線部 **A**、**B**、**C** はそれぞれ下の「入れ替え表現集」の **A**、**B**、**C** と入れ替えが可能です。

1. 大好きなチームを応援するために友人たちと球場に行った。
   I went to a ballpark with my friends to cheer for our favorite team.

2. 私にとって、野球の試合に行くことは決まりきった毎日からの逃避にとても役立つ。
   For me, going to baseball games serves as a great escape from my everyday routine.

3. ほかのファンと応援歌を歌うと、いつも強い一体感を抱くことができるんだ。
   Singing the team song with other fans always gives me a strong sense of unity.

---

cheer for ～で「～を応援する」。cheer up ～「～を励ます、元気づける」と混同しないようにしましょう。また、root for ～「～を応援する」という表現もあります。

1. ballpark は「野球場」。「サッカー競技場」なら soccer stadium です。
2. for me は「私にとって」、serve as ～は「～として役立つ」。serve to do だと「～するのに役立つ」という意味を表せます。routine は「日課、繰り返しすること」です。
3. team song は「応援歌」。a sense of unity「一体感」は a sense of oneness[togetherness, belonging] でも表すことができます。

入れ替え表現集

p. 181 にも「入れ替え表現」があります。

A 地元チームを応援するために　to cheer for our home team
ルーキーのピッチャーを応援するために　to support the rookie pitcher
大好きなバッターを応援するために　to root for my favorite batter
ナイターを見るために　to watch a night game

B 仕事のストレスからのよい逃避　a good escape from my job stress
しばらく心配事を忘れる方法　a way to forget my worries for a while

日記を書こう！

「こんなことが書けます」「入れ替え表現集」「例えばこう書く」を参考に日記を書いてみましょう。

例えばこう書く

🎧 122

今日は息子の学校に、彼のサッカーチームを応援しに行った。後半に彼が試合に出てきた時、私は興奮して飛び上がった！ あまりにも大きな声で叫び続けたから、声がかれてしまった。

Today, I went to my son's school to root for his soccer team. When he appeared in the game in the second half, I jumped up with excitement! I kept shouting so loudly that I lost my voice.

Hint 現れる：appear　　（試合）後半に：in the second half　　～し続ける：keep -ing
声がかれる：lose one's voice

diary

DATE:

6

感情

自分の感情を素直に表す時　a time to express my feelings openly
自分のエネルギーを発散させる時　a time to release my energy
C チームのユニフォームを着ること　Wearing the team uniform
ほかのファンと一緒に大声を出すこと　Shouting together with the other fans
選手たちの名前を一斉に叫ぶこと　Chanting the players' names
観客の一員であること　Being part of the crowd

62

満足（評価された）

上司のうれしい一言

You did a good job!

こんなことが書けます 123

下線部 A、B、C はそれぞれ下の「入れ替え表現集」の
A、B、C と入れ替えが可能です。

1. プレゼンをした後、それに自信が持てなかった。
   After I made my presentation, I didn't feel confident about it.
   A

---

2. そうしたら上司が私に「よくやったよ!」と言ってうなずいてくれた。
   Then my boss said to me, "You did a good job!" and nodded.
   B

---

3. 私の仕事が評価されていると知ってうれしかったなあ。
   I was glad to know that my work was appreciated.
   C

do a good job は「うまくやる、いい仕事をする」。You did a good job. 「君はよくやったよ」の
ように、相手をねぎらう時に使える表現です。

1. make a presentation で「プレゼンをする」。feel confident about ～は「～に自信がある」と
   いう意味になります。
2. told me that I'd done a good job「よくやったと私に言った」とするよりも、このように直
   接話法で表すと臨場感が出ます。nod は「うなずく」。nod in satisfaction だと「満足してうな
   ずく」、nod in approval だと「同意してうなずく」ということです。
3. appreciate は「（人・物・事の価値）を正当に評価する」。

p. 181 にも「入れ替え表現」があります。

入れ替え表現集

A 聴衆が理解していたか分からなかった　I couldn't tell if the audience had understood it
　プレゼンが効果的だったか確信がなかった　I wasn't sure if it had been effective
　プレゼンに説得力があったか自信がなかった　I wasn't sure if it had been persuasive
　まだ不安で震えていた　I was still nervous and shaking

B 素晴らしいプレゼンだった　That was a fabulous presentation
　あなたのプレゼンは本当に素晴らしかった　Your presentation was just great

日記を書こう！

☆ ☆

「こんなことが書けます」
「入れ替え表現集」
「例えばこう書く」を参考に
日記を書いてみましょう。

例えばこう書く

🎧 124

タナカさんが、顧客が私の
ビジネスの提案書に興味を
持っていると教えてくれた。
心の中で、私は「やったね！」
と叫んじゃった。今、自分の
提案を実行できることを祈っ
ている。

➡

Tanaka-san told me that our client
was interested in my business
proposal. In my mind, I yelled, "Way
to go!" Now I'm praying we can carry
out my proposal!

Hint 提案（書）：proposal　やったね！、いいぞ！：Way to go!
　　　　～ということを祈る：pray (that) ～

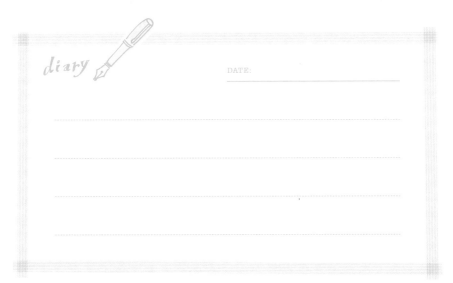

diary　　　　　　　　DATE:

6

感情

あなたのプレゼンに感心した　I was impressed by your presentation
顧客はあなたのプレゼンを気に入ったよ　The clients liked your presentation
C　会社に役立つことができている　I was able to be of help to my company
自分のプレゼンが成功した　my presentation had been a success
自分のプレゼンが満足のいくものだった　my presentation had been satisfactory
自分のプレゼンが部の役に立った　my presentation had been beneficial to our
department

63

達成感（ひと仕事終わった）

称賛に値する

I deserve some credit.

こんなことが書けます 🎧 125

下線部 **A**、**B**、**C** はそれぞれ下の「入れ替え表現集」の
A、**B**、**C** と入れ替えが可能です。

1. 今日のイベントが順調に進んだからほっとしている。
   I'm relieved that <u>today's event went smoothly</u>.
   A

2. 主催者としてとても多くのことを成し遂げたから、私は称賛に値するなあ。
   I deserve some credit <u>for accomplishing so many things as an</u>
   B
   <u>organizer</u>.

3. さて、同僚たちとお祝いするのが待ちきれないな！
   Now, <u>I can't wait to celebrate with my colleagues</u>!
   C

　deserve ～は「～に値する、～にふさわしい」という意味を表します。deserve to do「～するに値する、～して当然だ」の形でもよく使い、例えば He deserves to take a long vacation.「彼は長期休暇を取るに値する」のように使えます。

1. be relieved that ～で「～ということにほっとしている」。go smoothly は「順調に進む、円滑に進む」ということです。
2. credit for ～「～に対する称賛 [名誉]」では、～の部分に名詞か -ing 形の動名詞が入ります。organizer は「主催者」です。
3. can't wait to do は「～するのが待ち遠しい [待ちきれない]」。

p. 182 にも「入れ替え表現」があります。

入れ替え表現集

A 今日のイベントが成功した　today's event was a success
　　イベントが問題なく終わった　the event finished without any problems
　　イベントが予算内に収まった　the event stayed within the budget
　　参加者がイベントを楽しんだ　the participants enjoyed the event

B イベントを計画し準備したこと　planning and preparing this event
　　このイベントを成功させたこと　making this event a success
　　全てのことを指揮したこと　supervising everything

日記を書こう！

「こんなことが書けます」
「入れ替え表現集」
「例えばこう書く」を参考に
日記を書いてみましょう。

例えばこう書く

 126

今日はハロウィーン・イベントをたくさんの子どもたちが楽しんでくれてよかった。1カ月の準備が報われた！ このような達成感はしばらく感じていなかったなあ。

I was glad many kids enjoyed our Halloween event today. Our one-month preparation paid off! I haven't had a sense of achievement like this for some time.

Hint　（努力などが）報われる：pay off　　達成感：a sense of achievement
しばらくの間：for some time

---

diary　　　　　　　　　　DATE:

とても多くの参加者に来てもらったこと　bringing in so many participants
参加者を喜ばせたこと　making the participants happy
私がしたあらゆるがんばり　all the hard work I did

C　イベントのスタッフにお祝いの言葉をかけること　to congratulate the event staff
プロジェクトのそのほかのメンバーたちと成功を祝うこと　to celebrate our success with the other project members
同僚たちとビールを飲むこと　to have some beer with my colleagues

6

感情

147

64

ポジティブ（よりよい生き方）

小さな幸せ貯金

find as many joys as possible

こんなことが書けます 127

下線部 A、B、C はそれぞれ下の「入れ替え表現集」の
A、B、C と入れ替えが可能です。

1. 通りでベビーカーに乗っている赤ちゃんが私にほほ笑んだ。
A baby in a stroller smiled at me on the street.
   A

2. そのような心温まる経験のおかげで、私の一日が明るくなることがある。
Such a heartwarming experience can brighten my entire day.
                                         B

3. だから、毎日の生活の中で、できるだけたくさんの小さな喜びのもとを見つけるようにしよう。
Therefore, I'll try to find as many little joys as possible in my daily life.
                  C

〈as many[much] ＋名詞＋ as possible〉で「できるだけたくさんの～」という意味を表すことができます。many の場合は名詞の複数形を、much の場合は数えられない名詞を続けます。例：as much sleep as possible「できるだけたくさんの睡眠」。
  1.「ベビーカー」は和製英語で、英語では stroller と言います。
  2. brighten は「～を明るくする」。entire「全体の、全部の」は、an entire week「丸一週間」、the entire family「家族全員」のような使い方ができます。
  3. therefore は「したがって、だから」。daily life は「日常生活、毎日の生活」です。

入れ替え表現集

p. 182 にも「入れ替え表現」があります。

A 幼稚園児の集団が私にあいさつしてくれた　A group of kindergarten kids greeted me
   男の人が私の落とした鍵を拾ってくれた　A man picked up the key I had dropped
   ネコが私と遊ぼうとして近づいてきた　A cat came up to play with me

B 生活をもっと楽しいものにする　make life more enjoyable
   楽しい一日を過ごすのに役立つ　help me have a happy day
   一日中いい気分でいるのに役立つ　help me feel good all day

C できるだけたくさんの幸せな瞬間を探すこと　to look for as many happy moments as possible

日記を書こう！

☆ ☆

「こんなことが書けます」
「入れ替え表現集」
「例えばこう書く」を参考に
日記を書いてみましょう。

例えばこう書く

🎧 128

上司のサトウさんは個性が
強い。しかし、人の管理が
きわめて上手。彼女に対し
て不満を言うことはやめて、
彼女のようないいリーダー
になるようにしよう。

My boss, Sato-san, has a strong
personality. However, she is
extremely good at managing people.
I'll stop complaining about her and
try to be a good leader like her.

Hint 個性：personality　　きわめて：extremely　　不満 [不平] を言う：complain

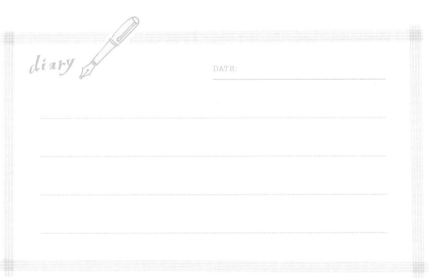

diary 🖊

DATE:

6

感情

ささいなことだが幸せなことにもっと気づくこと　to notice more small but happy
things
生活の中のシンプルなことにもっと感謝すること　to be more grateful for the simple
things in life
自分の生活が喜びのもとでいっぱいであり得ると信じること　to believe that my life can
be full of joys
生活の中の小さな喜びのもとを見逃さないこと　not to miss the small joys in life

65

好奇心（知的生活）

忘れかけていた好奇心

She is curious about many things.

こんなことが書けます 129

下線部 **A**、**B**、**C** はそれぞれ下の「入れ替え表現集」の **A**、**B**、**C** と入れ替えが可能です。

1. 私の幼いめいは好奇心旺盛だ。
   My little niece is curious about many things.
   A

2. 私も小さかった頃は彼女のようだったのかもしれない。
   I might have been like her when I was small.
   B

3. 若さを保つのを助けてくれるので、物事に驚く気持ちを失ってはいけないな。
   I shouldn't lose my sense of wonder because it will help me to
   C
   stay young.

be curious about ～で「～について好奇心がある」。be curious about many things は「多くのことに好奇心がある→好奇心旺盛である」ということです。

2. might have been は〈might have ＋過去分詞 (been)〉の形を使って「～だったかもしれない」という過去のことに関する推量を表しています。She might have left her home early. なら「彼女は早めに家を出たかもしれない」という意味になります。

3. a sense of wonder は「（物事に）驚く気持ち」です。stay ～「（ある状態）のままでいる」は、stay young「若いままでいる」、stay healthy「健康なままでいる」のように使うことができます。

入れ替え表現集

p. 183 にも「入れ替え表現」があります。

A 好奇心旺盛だ has a lot of curiosity
目に入るもの全てに好奇心を持つ is curious about everything she sees
多くのことに興味を持つ gets interested in lots of things
常に周囲の物の名前を知りたがる always wants to know the names of the things around her

B 世界に対してもっと好奇心があったかもしれない I might have been more curious about the world
もっと面白い日々を過ごしていたのかもしれない My days might have been more interesting

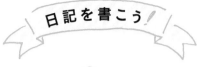

☆ ☆

「こんなことが書けます」
「入れ替え表現集」
「例えばこう書く」を参考に
日記を書いてみましょう。

例えばこう書く

 130

SNSで流行語を見つけた。この言葉に好奇心をそそられたので、すぐさまネットで調べた。これは知識を広げるための一つの方法だと思う。

I came across a buzzword on social media. I got curious about this word, so I researched it online right away. I guess this is one way to expand my knowledge.

Hint 〜を（偶然）見つける：come across 〜　　流行語：buzzword
直ちに、すぐに：right away　　〜と思う：guess (that) 〜　　〜を広げる：expand

---

diary 　　　　　　　　　DATE:

好奇心のある子どもだったものだ　I used to be a curious kid
とてもたくさんのことに興味があったものだ　I used to be interested in so many things

C 前向きな態度を失わないほうがいい　shouldn't lose my positive attitude
自己啓発をやめないほうがいい　shouldn't give up my personal development
新しいことを学び続けるべきだ　should keep learning new things
視野を広げ続けるべきだ　should continue to broaden my horizons

6

感情

1 毎日の生活

01　食事　ベトナム料理に挑戦　p. 014

A 新しいレシピを試してみた　tried a new recipe

B 地元の市場を訪れること　to visit the local market
新しいレシピを見つけること　to find a new recipe

C 料理のレパートリーが広がったので　because I expanded my cooking repertoire
子どもたちがお代わりしてくれたので　because my kids asked for seconds

02　通勤　座れてラッキー　p. 016

A 自転車で出勤した　biked to work
ササキさんと相乗り出勤した　carpooled to work with Sasaki-san

B 地下鉄は数分後に来た　the subway train came a few minutes later
駐車場が空いていた　there was a parking space available

C 8時までにそこに着く　get there by 8 o'clock
早くオフィスを出る　leave the office early

03　仕事──1　ふぅ、終わった！　p. 018

A 私に新しいソフトの使い方を教えてくれた　showed me how to use the new software
私のプレゼンについて助言をくれた　gave me some advice for my presentation

B 今日レポートを書き終えると約束した　promised to finish the report today
思ったより早く仕上げることができた　was able to finish it earlier than I expected

C 自分はよくやったと思う。　I believe I did a good job.
今、達成感がある。　I now have a feeling of accomplishment.
この功績を認められるべきだ　I should get credit for this.
彼／彼女は私にたくさん借りがある。　He/She owes me a lot.
自分の自信になった。　It boosted my confidence.

テレビ番組 **毎週の楽しみ** p. 026

A そのテレビドラマを見逃さないように早く帰宅した　came home early so as not to miss the TV drama
　今夜のドラマの回を楽しみにしていた　had been looking forward to tonight's drama episode
　大好きな番組を録画した　recorded my favorite program

B ドラマの結末を見る　watch the outcome of the drama
　そのカップルに何が起こるかを見る　see what was going to happen to the couple
　それを最初から見る　watch it from the beginning

C 家にいてテレビを見ること　Staying home and watching TV
　誰が悪者か推測すること　Guessing who is the bad guy
　テレビを見ながら間食をすること　Eating snacks while watching TV
　夫と感想を述べ合うこと　Exchanging impressions with my husband

 体調 **今日は二日酔い** p. 028

A インフルエンザにかかった　I caught the flu
　アレルギーに苦しんでいる　I've been suffering from my allergies

B しばらく飲酒を避ける　avoid alcohol for a while
　食べるものに気をつける　be careful about what I eat

C これは深刻な症状ではない　this is not a symptom of something serious

09 隣人 **ご近所さんとはいい関係** p. 030

A ごみの分別の仕方を教えてくれた　taught me how to separate the trash
　町内会に入るよう勧めてくれた　invited me to join the neighborhood association

B 地域のお祭りを準備するのを手伝った　helped (to) prepare the community festival
　加入するための年会費を払った　paid the annual fee to join
　廃品回収をしてお金を集めた　raised money by collecting waste

C 地域で互いに助け合うこと　to help each other in the community
　自分の町をもっと知るようになること　to get to know more about my town

10 朝の身だしなみ **髪形はバッチリ** p. 032

A 化粧をする時間が約20分あった　had about 20 minutes to put my makeup on
仕事用の服に着替える時間がわずか5分くらいしかなかった　only had about five minutes
to change into my work clothes

B 濃い色のスーツを着ることに決めた　decided to wear a dark suit
お気に入りのジャケットを着た　put on my favorite jacket

C さらに自信を与えてくれた　gave me more confidence
確かにいい決断だった　was indeed a good decision
より若々しくなった　made me look younger
すごくかっこよくなった　made me look so cool
たくさんの時間の節約になった　saved me a lot of time

11 寝る前のひととき **多忙な一日** p. 034

A 珍しい経験をした　had an unusual experience
ストレスのたまる時を過ごした　spent a stressful time
心に残る一日を過ごした　spent a memorable day
大変な一日だった　had a long day

B 今は肯定的な気持ちがする　now have a positive feeling
貴重な体験をした　had a valuable experience
多くのことを学んだ　learned a lot
必要とされていると感じた　felt I was needed

C このアロマのよい香り　The nice fragrance of this essential oil
息子の寝顔　My son's sleeping face
ボーイフレンドからのメッセージ　A message from my boyfriend
ぼうっとすること　Spacing out

14 ワークライフ・バランス **丁寧な生活をする** p. 040

A もっと自分の生活を楽しむ　enjoy my private life more
もっと健康的なライフスタイルで過ごす　have a healthier lifestyle
もっと趣味に時間を使う　spend more time on my hobbies
自分の生きたいように生きる　live the way I want to live

B 細かいことに悩むのをやめる　stop worrying about small things
できるだけ家で食事をする　eat at home as often as possible
午後7時前に職場を出る　leave the office before 7:00 p.m.
長時間労働するのをやめる　stop working long hours
残業を拒否する勇気を持つ　have the courage to reject overtime work

C 自分の余暇の時間をより有効に活用すべきだ　I should make better use of my spare time
ビデオゲームをして時間を無駄にすべきでない　I should not waste my time playing video games
自分が食べる物にもっと気を配るべきだ　I should be more careful about what I eat

15 体の健康 **エレベーターより階段** p. 042

A 健康診断の結果に驚いた　was surprised at the results of my medical checkup
明日の健康診断ではバリウムを飲まなければならない　have to swallow barium at tomorrow's checkup

B 視力は悪化していなかった。　My eyesight didn't get any worse.
骨密度は減少していない。　My bone density has not decreased.
最近体力がついてきている。　My physical strength is greater these days.

C お酒を控えめにしている　drink less
毎日適度な運動をしている　do a moderate workout every day
肉を食べないようにしている　avoid eating meat

入れ替え表現集＋

16 心の健康 **気にしないようにしようっと** p. 044

A 少し気分がすぐれない I've been feeling a bit miserable
感情をコントロールできない I haven't been able to control my emotions
悲観的である I've been pessimistic

B 物事のよい面だけを見るようにする try to look at only the good side of things
もっと周囲の人に頼る rely on the people around me more
もっと自分のための時間を作る make more time for myself
周囲の人に心を開く open my mind to the people around me

C もっと楽観的になれる I can become more optimistic
自分自身にもっと自信を持つだろう I'll have more confidence in myself
もっと柔軟になる I'll learn to be more flexible

 17 家計 **目標は100万円！** p. 046

A 生活費を減らす cut down on our living expenses
お金を投資する invest some money
NISAを活用する make use of a NISA*
＊NISA＝Nippon Individual Savings Account（日本個人貯蓄口座）
広いマンションに引っ越す move to a spacious condo

B 出費に気を配る be careful about spending
出費を管理する hold down my spending
もっと倹約する become more frugal
買う前によく考える think twice before making a purchase

C 詳細な家計簿をつける keep detailed household accounts
毎月の支出を把握しておく keep track of my monthly expenses
クレジットカードの使用を抑える control the use of my credit cards

18 エクササイズ **トレーニング継続中** p.050

A ヨガのレッスンを受けている　I've been taking yoga lessons
キックボクシングのジムに通っている　I've been going to the kickboxing gym
毎晩寝る前にストレッチをしている　I've been doing stretches before going to bed every night

B 筋肉を見せびらかしたい。　I want to show off my muscles.
これまでのところ7キロ減量した。　I've lost 7 kilograms so far.
毎晩ぐっすり眠れる。　I get a good night's sleep every night.

C 健康が向上した　my health has improved
とてもいいコーチと出会った　I met a great coach
とてもいいヨガ友達がいる　I have such good yoga friends

19 ショッピング **便利グッズがいっぱい！** p. 052

A 新しいショッピングモールの店を見て回った　browsed the stores in a new shopping mall
クリスマス・プレゼントを探すためにオンラインストアにアクセスした　visited a site online to look for Christmas gifts
加湿器をチェックするためにオンラインストアを見た　looked at a site online to check out humidifiers

B 2万円まで払う気があった　willing to pay up to 20,000 yen
とても巨大なクッションを買うのにちゅうちょした　hesitant to buy such a huge cushion

C 友達がこのスカーフをどう思うか聞くこと　to hear what my friends think about this scarf
娘がこのセーターを着ているのを見ること　to see my daughter in this sweater
その店のクリスマスの後のセールに行くこと　to go to that store's after-Christmas sale

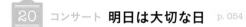

20 コンサート **明日は大切な日** p. 054

A このコンサートのアリーナ席を手に入れた。 I've gotten an arena seat for this concert.
オンラインの抽選でチケットを手に入れた。 I've gotten a ticket in an online drawing.

B ステージを見るための小さなオペラグラス a pair of small opera glasses to look at the stage
入り口で見せるためのオンラインチケット my online ticket to show at the entrance
東京ドームに行くための新幹線の切符 shinkansen tickets to go to Tokyo Dome

C 誰と一緒にコンサートに行くか who to go to the concert with
コンサート前に友人たちとどこで落ち合うか where to meet my friends before the concert
コンサートの後、どこで夕食を食べるか where to eat dinner after the concert

21 ゲーム **無駄なんて言わせない** p. 056

A その新しいゲーム機を手に入れるのに苦労した had a hard time getting the new gaming console
ゲームでその敵を倒すのに苦労した had trouble beating the enemy in the game
娘とゲームソフトを選んで楽しんだ enjoyed choosing some game software with my daughter

B もっと生産的なことをすべきだ I should do something more productive
オンラインゲームに時間を使い過ぎている I'm spending too much time on online games
オンラインゲームは子どもに悪影響を与え得る online games can have a negative effect on children

C 達成感をもたらしてくれる brings me a feeling of accomplishment
新しい人たちと出会うためのよい方法だ is a good way to meet new people
忙しい日常からの休息が得られる gives me a break from my busy daily life

22 ごろ寝 **家でのんびり** p. 058

A 11時までベッドから出なかった　I didn't get out of bed until 11 o'clock
家事をさぼった　I skipped my household chores
夫に洗濯をするよう頼んだ　I asked my husband to do the laundry

B ハンバーガーを配達してもらった　had hamburgers delivered
冷蔵庫の中を見た　looked in the refrigerator
コンビニに行くことにした　decided to go to a convenience store
ちゃちゃっと昼食を作った　fixed lunch very quickly

C 今、すっきりした気分だ。　I am now feeling refreshed.
これで明日からがんばれる。　Now I can work hard from tomorrow.
元気を取り戻した気分だ。　I feel I got my energy back.
これがワークライフ・バランスというものだ!　This is what work-life balance is all about!

23 カラオケ **心ゆくまで歌った** p. 060

A 友達が歌うのを聞いて　listening to my friends sing
友達と一緒に歌って　singing along with my friends
懐メロを選んで　choosing old songs

B ちょっとはしゃぎ過ぎた　got a little too carried away
あっという間に時が過ぎた　time passed so quickly
声がかすれた　became hoarse

C 最も偉大な日本の発明のひとつ　one of the greatest Japanese inventions
私の大好きな娯楽のひとつ　one of my favorite pastimes
私の大好きな友情を築く方法のひとつ　one of my favorite ways to build friendships

24 ガーデニング **バラを育てるつもり** p.062

A 庭の木から落ちた栗を集める gather the chestnuts that have fallen from the trees in our yard
日陰を得るために庭にパラソルを置く place a patio umbrella in my garden to get some shade
明日朝一番に庭に水をまく water my garden first thing tomorrow morning
明日雨が降らなかったら庭の雑草を取る weed our garden if it doesn't rain tomorrow
家庭菜園を始める start a vegetable garden

B 環境に優しい除草剤を買うべきだ I should get some eco-friendly weedkiller
どんな種類の野菜を育てるのがいいか尋ねたほうがいい I should ask what kind of vegetables to grow
専門家にバラの育て方を聞きたい I want to ask an expert how to grow roses

C もし娘が私が全ての花を世話するのを手伝ったら If my daughter helps me take care of all the flowers
もし家族がうまくナスを育てることができたら If our family can successfully grow eggplants
もし私たち自身でキャベツを育てることができたら If we can grow our own cabbages
もし私たちが庭に小さな犬小屋を作ることができたら If we can build a small doghouse in our yard

25 ケーキ作り **レシピのとおりにきっちりと** p.064

A デザートを作るためにそのレシピを使うことに決めた decided to use it to make a dessert
一緒にケーキを作ろうと娘を誘った asked my daughter to join me in making it
私がケーキを焼くのを手伝うように息子に頼んだ asked my son to help me bake it

B 注意深く材料を計量した carefully measured the ingredients
オーブンを予熱するのを忘れた forgot to preheat the oven
レシピのいくつかの部分を変更した changed some parts of the recipe

C 2人とも幸せな気持ちになった both felt happy
2人とも自分たちに満足した were both pleased with ourselves
互いのいい仕事をほめ合った praised each other's good work

26 推しの新譜 **来月リリース！** p. 066

A 手に入れるのが待ち遠しい　I can't wait to get it
本当に心待ちにしている　I'm really looking forward to it
いい出来であることを期待している　I expect it to be great

B 舞台裏映像が入ったDVDが封入されている　includes a DVD with behind-the-scenes footage
独占インタビューが入ったDVDが封入されている　includes a DVD with exclusive interviews
初版用特別CDジャケットが使われている　features a first-edition special CD jacket
はがきとステッカーのセットが封入されている　contains a set of postcards and stickers

C それをとても注意深く取り扱う　handle it very carefully
たぶん発売を待ち望んでいる　likely be impatiently waiting for its release
たぶん受け取るのを本当に楽しみにしている　likely be really looking forward to receiving it
たぶん２枚、あるいはそれ以上買いたい　probably want to buy two or even

 27 散歩 **散歩中に見たワンシーン** p. 068

A 浜辺まで散歩した　took a stroll down to the beach
遊歩道を散歩した　strolled along the walking trail
山の中のお寺まで散歩した　took a stroll to a temple in the mountains

B 生徒たちが歌っているのが聞こえた　heard school students singing
セミが木で鳴いているのが聞こえた　heard cicadas chirping in the trees
子どもたちが野球をしているのを見た　watched some children playing baseball

C ずっと行きたかった喫茶店に歩いていく　walk to a coffee shop I've long wanted to visit
川岸の桜の花を楽しむ　enjoy the cherry blossoms on the riverbank
どのくらい遠くまで行けるか確かめる　see how far I can go

入れ替え表現集＋

28 友達と会う **古い友人とのひととき** p. 070

A 昔のことを話して楽しんだ　enjoyed talking about the old days
学生時代を振り返って楽しんだ　had fun looking back on our school days
互いの近況を話し合った　caught up with each other's lives

B 郊外にマンションを買ったこと　that she had bought a condo in the suburbs
彼女の元カレに何が起こったか　what had happened to her ex-boyfriend
どうやって夫と出会ったか　how she had met her husband

C 今の仕事に満足しているようだ　she looks satisfied with her current job
彼女の性格はあまり変わっていない　her personality hasn't changed much
彼女の健康状態がずいぶんよくなった　her health has improved a lot

29 自然に親しむ **絶景！** p. 072

A 田沢湖での釣り　Fishing in Lake Tazawa
日光でのトレッキング　Trekking in Nikko
奥多摩でのグランピング　Glamping in Okutama
阿蘇での乗馬　Horseback riding in Aso
湘南でサーフィンを習うこと　Learning to surf in Shonan
「ヘブンスそのはら」で満天の星を眺めること　Stargazing in Heavens Sonohara*
＊「ヘブンスそのはら」は長野県・阿智村にある天体観測で有名な高原リゾート。

B 心を癒やしてくれた　healed my soul
息をのむようなものだった　was breathtaking
旅行のハイライトだった　was the highlight of my trip
言葉では表現できなかった　was beyond description

C 自然の美しさを再発見すること　to rediscover the beauty of nature
SNSを使わない日を過ごすこと　to have a social-network-free day
屋外で調理して食べること　to cook and eat outside

30 自己啓発 **目指すは洗練された人** p. 074

A 自分に投資するために　to invest in myself
もっといい仕事を見つけるために　to find a better job
キャリアを向上させるために　to get a better career
もっと自分に自信を持つために　to make myself more confident
人から信頼されるために　to gain people's trust

B 外国を訪れること　Visiting foreign countries
もっと好奇心を持つこと　Having more curiosity
もっと柔軟な態度を持つこと　Having a more flexible attitude
もっと心を広く持つこと　Being more open-minded
自分自身に（もっと）正直になること　Being (more) honest with myself

C 毎週末に図書館に行くこと　to go to the library every weekend
1週間に2回、中国語のクラスに出席すること　to attend a Chinese class twice a week
少なくとも1週間に1回は英語を練習すること　to practice my English at least once a week

3 旅行・移動

31 旅行先を調べる　どこがいいかな？　p. 078

A 旅行のために何を用意するか　what to prepare for the trip
熊本でどの場所を訪れるか　which places to visit in Kumamoto
どの団体旅行を予約するか　which group tour to reserve
長野でどの旅館に泊まるか　which ryokan to stay at in Nagano

B もし移動するために車を借りたら　if we rent a car to get around
もし高くないパック旅行を見つけられたら　if we can find a less-expensive package tour
もし台風がその地域を直撃しなければ　if a typhoon doesn't hit the area
そこでは食べ物がとてもおいしいから　because the food there is very tasty
きれいなビーチを楽しめるから　because we can enjoy its beautiful beaches

C 旅行を心ゆくまで楽しみたい　we want to enjoy it to our hearts' content
きっと心に残る旅行にするだろう　we're sure to make it a memorable trip
興味深い場所を見つけられるだろう　we'll be able to find some interesting spots
できるだけ多くの地元の居酒屋を訪れよう　we'll visit as many local pubs as possible

32 ツアーを予約　少し安く上がりそう　p. 080

A 福岡への往復切符　a round-trip ticket to Fukuoka
格安航空会社での台湾行きのフライト　a flight on an LCC to Taiwan*
*LCC = low-cost carrier
ホノルルでの宿泊施設　accommodations in Honolulu

B 私たちが乗る飛行機はもっと早く出発する　Our plane leaves earlier
私たちの目的地はもっと遠い　Our destination is farther
私たちの予算はもっと多い　Our budget is more

C 豪華な地元の料理を楽しむ　enjoy some gorgeous local cuisine
旅行先に目的地をもう1つ追加する　add another destination to the trip
ホテルの部屋をアップグレードする　upgrade my hotel room
移動するのにタクシーを使う　use taxis to get around

写真を撮る **インスタ映えスポット** p. 082

A 日本庭園を楽しむのに　to enjoy a Japanese garden
季節の変わり目に気づくのに　to notice the turn of the seasons
伝統的な日本建築を鑑賞するために　to appreciate traditional Japanese architecture

B その場所は私のお気に入りの1つとなった　that place has become one of my favorites
それは観光客で込み合っていた　it was crowded with tourists

C 明日どこに行くか考えなければならない　have to think about where to go to tomorrow
次に行くのにどの場所が一番面白そうか想像してみる　try to imagine which spot would be the most interesting to go to next

 ご当地名物を食べる **行列なんて何のその** p. 084

A 大盛りで有名な　that is famous for its generous portions
手頃な値段でよく知られている　that is well-known for its reasonable prices
私がユーチューブのチャンネルで見たことがある　that I had seen on a YouTube channel
本格的な地元料理を出す　that serves authentic local dishes

B 柔らかいビーフを出した　they served tender beef
本格的な食べ物を出した　they served authentic food
そこは清潔で居心地がよかった　it was clean and cozy
その店はとても混んでいた　the place was very crowded

C その地域のレストランを調べること　researching restaurants in that region
旅行の前にグルメサイトをチェックすること　checking food review sites before the trip
地元の人たちにいいレストランについて尋ねること　asking local people about good restaurants
その店で典型的な地元の名物料理を食べてみること　trying the typical local specialties at that place

入れ替え表現集＋

35 旅先の出会い **いい人そう** p. 086

A 彼女は日本語を理解するのに苦労しているようだった　she seemed to have trouble understanding Japanese
彼女は私と話したいようだった　it seemed that she wanted to talk with me
彼女は助けを必要としているようだった　it seemed that she needed some help

B 旅行計画について話し合うこと　discussing our travel plans
目的地についての情報を交換すること　exchanging information about destinations
旅行計画についてのアドバイスを交換すること　exchanging advice on travel plans
お互いによい観光スポットを推薦すること　recommending some good tourist spots to each other

C 私たちどちらも以前イスタンブールを訪れたことがあること　that we had both visited Istanbul before
私たちどちらも多くのアジアの国々を旅行したことがあること　that we had both traveled in many Asian countries
彼女もまた地元のお祭りに参加すること　that she was also attending the local festival
彼女もまたすぐ船酔いをすること　that she also gets seasick easily

36 観光地で **長い間行きたかった場所** p. 088

A 私が気になっていた　that had been on my mind
長い間私を魅了していた　that had long attracted me

B さまざまな美しい花　the variety of beautiful flowers
魅力的な村　the charming village
おとぎ話のような雰囲気の森　the woods and their fairytale atmosphere

C 地元の人の家を訪問する機会を持つ　have a chance to visit a local person's house
野生のイルカと一緒に泳ぐ機会を持つ　have a chance to swim with wild dolphins

お土産を買う 自宅へ発送 p. 090

A 伝統的な衣類を売る店を見つけた　discovered a store that sells traditional clothing
地元の魚市場を偶然見つけた　came upon a local fish market

B それがとてもお買い得品だったから　because it was such a good buy
店の主人が値引きしてくれたから　because the store owner gave me a discount
そのデザインがとてもユニークだったから　because it had a very unique design

C 値引きしてもらった。　I got a discount.
店員にそれを日本に発送するよう頼んだ。　I asked the clerk to ship it to Japan.
その国をたつ前に税金の払い戻しを受けた。　I got a tax refund before leaving the country.

 旅先でのハプニング 悪天候のおかげで p. 092

A 機械の故障のため　because of mechanical trouble
安全上の懸念のため　because of safety concerns
視界不良のため　because of poor visibility

B 旅行計画を変更する　change our travel itinerary
到着する空港を変更する　change the destination airport
仕事をもう1日休む　take another day off work

C 繁華街を探索する機会を持つ　have a chance to explore the downtown area
バーに行く　go to a bar
お土産を買う時間をたっぷり持つ　have plenty of time to buy souvenirs

4 イベント

39 誕生会 **特別な料理でお祝い** p. 094

A 息子の誕生日を祝うために外出する　are going out to celebrate my son's birthday
遊園地に日帰り旅行に出かける　are going on a day trip to an amusement park

B パーティーを心に残るものにする　make the party memorable
彼の友人をたくさん招待する　invite lots of his friends
いい誕生日プレゼントを見つける　find a nice birthday present

C 彼の誕生日プレゼントを包んだ　wrapped his birthday present
ケーキを作るのに必要な材料を手に入れた　obtained the necessary ingredients to make the cake
パーティーの飾り付けを計画した　planned the decorations for the party
テーマパークのチケットを購入した　purchased tickets for the theme park

40 結婚式 **披露宴に出席** p. 096

A 新郎新婦に心からのお祝いを述べた　expressed my sincere congratulations to the couple
心温まるパーティーをとても楽しんだ　enjoyed the heartwarming party very much
たくさんの友人たちと一緒に新郎新婦の結婚を祝った　celebrated the couple's marriage with lots of my friends
新郎新婦に祝うために短いスピーチをした　made a short speech to congratulate the couple

B 彼はいい夫になると思う　I think he'll be a good husband
彼女たちは幸せな家庭を築くと思う　I believe they will make a happy family
彼女たちはお似合いだと思う　I believe they are a good match
きっと彼女たちは一緒に幸せな生活をすると思う　I'm sure they'll have a happy life together

C ウエディングドレスを着たエリカを見て私は本当に感動した　I was really moved to see Erika in her wedding gown
エリカの幸せそうな顔を見て私はうれしかった　I was glad to see Erika's happy face
彼らが一緒にいる様子がとてもすてきで感動した　I was impressed by how nice they looked together
私はエリカの涙が忘れられない　I can't forget the tears in Erika's eyes

41 正月 **家族の健康を願う** p. 098

A 家族と神社に行った　I visited a shrine with my family
私は神社でおみくじを引いた　I drew a fortune slip at a shrine
私はめいにお年玉として3000円あげた　I gave my niece 3,000 yen as a New Year's gift

B 幼いめいやおいとゲームをする　play games with my little nieces and nephews
届いたばかりの年賀状を見る　look at the New Year's cards that have just arrived
初日の出を見る　see the first sunrise of the year
特に何もせず、ただくつろぐ　do nothing special and just relax

C 父が病気から早く回復すること　my father's swift recovery from his illness
息子が受験でうまくいくこと　my son's success in his entrance exams
娘が就職活動でうまくいくこと　my daughter's success in her job hunting

42 お花見 **酔っぱらってたわけじゃない** p. 100

A 今日は1日休みだった　I had a day off today
桜の花が咲き始めている　the cherry blossoms are starting to bloom
今、桜の花が満開だから　the cherry trees are in full bloom now
春の空気を楽しみたかったから　I wanted to enjoy the spring air

B 壮観な景色を楽しんで写真を撮った　enjoyed the spectacular scenery and took some photos
子どもたちと遊びながらちょっとしたパーティーをした　had a small party playing with our kids
自分たちの生活について語りながらスナックを食べた　ate some snacks while talking about our lives
桜の花に見とれながら食べ物持ち寄りのパーティーを楽しんだ　enjoyed a potluck party while admiring the cherry blossoms

C とても暖かく感じた　I felt quite warm
眠くなってきた　I began to feel sleepy
静かになった　I became quiet
大好きな歌を鼻歌で歌い始めた　I started to hum my favorite song
たくさん笑い始めた　I started to laugh a lot

43　お祭り・フェスティバル　**お祭りで有名** p. 102

A ハロウィーン・フェスティバルで有名だ　is famous for its Halloween festival
年一回の夏祭りで有名だ　is famous for its annual summer festival
大きな綱引き大会で有名だ　is renowned for its big tug-of-war tournament
夜間の能の演技で有名だ　is renowned for its nighttime Noh performance

B おみこしを担ぐこと　carrying a portable shrine
山車を引いている人たちを応援すること　cheering for the people pulling the float
伝統的なお祭りの音楽を聴くこと　listening to traditional festival music
屋台でさまざまな食べ物を食べてみること　trying a variety of food at the food stands
さまざまな食べ物の匂いを楽しむこと　enjoying the various food aromas

C 鮮やかな色のかき氷　The brightly colored shaved ice
屋外で食べる食べ物　The food I eat in the open air
人ごみの中で食べる食べ物　The food I eat among a large crowd
立ったまま食べるお好み焼き　The okonomiyaki that I eat while standing
地元の人が作った栗ごはん　The chestnut rice made by the local people

44　クリスマス　**クリスマスの準備は万端** p. 104

A 外国に住んでいる友人たちにプレゼントを発送した　shipped presents to my friends living abroad
クリスマスのプレゼントを全部包装した　wrapped all the Christmas gifts
窓をクリスマスのライトアップで飾った　decorated the windows with Christmas lights
アドベントカレンダーをリビングに置いた　placed the Advent calendar in our living room
友人たちをクリスマスのディナーに招待した　invited my friends to Christmas dinner

B クリスマス・ディナーに何を食べるかを決めること以外は　except for deciding on what to have for Christmas dinner
クリスマスの靴下をぶら下げることを除いて　except for hanging up the Christmas stockings
娘が休暇でカナダから戻ってきたので　now that my daughter has returned home for the holiday from Canada
クリスマス・ディナーのための新しいテーブルクロスを買ったので　now that I have a new tablecloth for our Christmas dinner

C クリスマスツリーに付ける飾りを作るように　to make some ornaments to put on the Christmas tree
サンタさんに礼状を書くように　to write a thank-you note to Santa
慈善団体にお金を寄付するように　to donate some money to charity

5 家族

45 子どものしつけ **許可すべき？** p. 108

A ロックバンドに入ること　to join a rock band
　海外に一人旅すること　to travel overseas alone
　髪の毛を染めること　to get her hair colored

B 過保護にならないようにすること　not to be overprotective
　厳し過ぎないようにすること　not to be too strict
　彼女のことを心配し過ぎないこと　not to worry too much about her

C よく自分の人生にいら立ちを感じた　often felt frustrated about my life
　自分の人生が管理されるのが嫌いだった　didn't like my life to be controlled
　あまり両親と一緒に過ごさなかった　didn't spend much time with my parents
　時には自信をなくした　sometimes lost my self-confidence

46 けんか **頑固過ぎて謝れない** p. 110

A 娘は私を無視し続けている　My daughter has been ignoring me
　息子は部屋から出てこない　My son hasn't come out of his room
　しゅうとめは文句を言い続けている　My mother-in-law has been complaining
　私は落ち込んでいる　I've been feeling down

B ちょっとした誤解で　over a small misunderstanding
　娘が朝食の文句を言った時　when my daughter complained about breakfast
　息子がコーヒーを床にこぼした時　when my son spilled coffee on the floor
　息子が私の話し方を非難した時　when my son criticized my way of speaking

C 彼とそれについて話す時間を持とう　I'll have time to talk with him about it
　自分から折れて謝ろう　I'll give in and apologize

47 家族と外出 **家族っていいな** p. 112

A 昼ご飯を食べに回転すし店に行った　went to a conveyor belt sushi restaurant to have lunch
入院しているおじを見舞った　visited my uncle in the hospital
早めの夕食を取った後、カラオケに行った　went to karaoke after an early dinner

B ディナーの間のたくさんの楽しい会話　a lot of good conversation during the dinner
互いの最近の出来事を聞くこと　listening to each other's recent news
楽しい思い出について話すこと　talking about our happy memories
面白い話をたくさん教えあうこと　sharing a lot of interesting stories
次の家族旅行を計画すること　planning our next family trip

C ちょっとした誤解を解くこと　to clear up some little misunderstandings
互いにもっと思いやりを持つこと　to be more thoughtful to each other
互いの正直な気持ちを知るようになること　to get to know each other's honest feelings
互いの理解を高めること　to increase our mutual understanding
互いにもっと愛情を表に出すこと　to show each other more affection

48 夫の親 **お義母さんに感謝** p. 114

A 私たちの外出中に子どもたちの面倒を見てくれた　took care of our kids while we were out
保育園に息子を迎えに行ってくれた　went to pick up our son at daycare
娘を医院に連れて行ってくれた　took our daughter to a clinic

B 彼女の親切に本当に感謝している　I really appreciate her kindness
次は彼女のために何かしてあげたい　I want to do something for her next time
私の感謝の気持ちを彼女に示したい　I want to show her my gratitude
私も彼女のように料理がうまくなりたい　I want to be a good cook like her

C 私が自分で作ったこの味噌を味見すること　to check the taste of this miso that I made myself
うちに夕食に来ること　to come over to our place for dinner
私たちと息子の運動会に行くこと　to come to our son's school field day with us
私たちと娘のピアノの発表会を見に行くこと　to come see our daughter's piano recital with us

49 うちのペット **ずっと一緒にいたい** p. 116

A うちのネコが私の注意を引こうとしてひざに飛び乗る　my cat jumps onto my lap to get my attention
子ネコたちが私と遊ぼうとして部屋に入ってくる　the kittens come into my room to play with me
うちのイヌが食べ物を食べようとしてリビングのドアを開ける　my dog opens the living room door to get his food
うちの子イヌが私と遊ぶためにおもちゃを持って来る　my puppy brings me her toy to play with me

B 自分のペットが一番だと思う瞬間　the moment you feel your pet is the best
ペットを一番愛するとき　when you love your pet the most
自分のペットへの愛が報われる時　the time your love for your pet is rewarded

C 日中家を空けなくてもよかったら　didn't have to leave my place during the daytime
ペットと遊ぶ時間をもっと持てたら　had more time to play with my pet
うちの庭にドッグランがあったら　had a dog run in my garden

50 看病 **ひと安心** p. 118

A 2日間苦痛を伴う腹痛がある　has had a painful stomachache for two days
ひどい下痢の症例がある　has had a bad case of diarrhea
昨日何度か嘔吐した　vomited several times yesterday
サッカーをしている時に脚を骨折した　broke his leg while he was playing soccer

B 彼のけがは治りつつある　his injury is healing
彼の食欲が戻った　his appetite has come back
彼は昨日よりもずっとよさそうだ　he looks much better than yesterday
彼は今朝起きてきた　he got out of bed this morning
薬がよく効いている　the medicine has been working well
お医者さんが彼の回復を請け負ってくれた　the doctor assured me of his recovery

C 彼はすぐに学校に通えるだろう　he'll be able to return to school soon
彼は短期間で普通の生活に戻るだろう　he'll return to a normal life in a short time
私はあまり心配しなくてもよい　I don't have to worry too much
あまり心配する必要はない　there is no need to worry too much
彼は再度医師に診てもらう必要はない　he doesn't need to go see the doctor again

6 感情

51 喜び（デートに誘われた） **わーい** p. 122

A クラブのイベントに招待してくれた　invited me to a club event
彼とどこかに行きたいか尋ねてきた　asked me if I wanted to go somewhere with him
次の土曜日に暇か尋ねてきた　asked me if I was free next Saturday
鎌倉に散歩に行きたいと思うか尋ねてきた　asked me if I was interested in going for a stroll in Kamakura

B ディナーに誘われて　to be invited to dinner
ついに彼が連絡してくれて　that he finally contacted me
彼のことをもっと知ることができるので　that I would be able to get to know him better

C それがどれほどロマンチックになるかを想像している　imagining how romantic it will be
ロマンチックなディナーを楽しみにしている　looking forward to our romantic dinner
彼との初デートをちょっと不安に感じている　feeling a bit nervous about my first date with him
彼といるときに何について話せばいいかちょっと心配している　a bit worried about what to talk about during with him

52 後悔（無駄遣い） **買わなきゃよかった** p. 124

A このスカートを買った時にSサイズを選んだ　have chosen size S when I bought this skirt
このバッグにそんなにたくさんお金を払った　have paid so much money for this bag

B このブラウスは洗濯機で洗えない　It's not machine washable
このドレスを着るとぽっちゃりして見える　It makes me look plump
このドレスは短過ぎる　It's too short

C オンラインの広告に影響されないように　not to be influenced by the online ads
もっと賢くお金を使うように　to spend my money more wisely
出費を抑えるように　to control my spending
買う物をもっと注意深くチェックするように　to check the things I'm buying more carefully

53 疑念（通販）　これって役に立つの？　p. 126

A 広告でかっこいいコーヒーメーカー　a good-looking coffee maker in an advertisement
オンラインの広告でハイテクの調理器具　some high-tech cookware in an online ad
オンラインで自動パン焼き機　an automatic bread maker online

B 電気代を節約できるのだろうか　if it could lower my electricity bills
広告を信用できるのか　if the ad can be trusted
それが必要なのか　if I need it
それを毎日使うのだろうか　if I would use it every day

C それを使っているところを想像する　imagine using it
友達にどう思うか尋ねる　ask my friends what they think
その製品のネット上の評価を読む　read some online reviews
家族に使いたいかどうか尋ねる　ask my family if they would want to use it
ほかのサイトでいくらか調べる　check how much it costs on other sites

54 驚き（心に残る体験）　私にこんな才能が!?　p. 128

A 地元の10キロレースで走った　ran in a local 10K race
陶器のコンテストのために花びんを作った　made a vase for a pottery contest
風景画を芸術コンテストに出品した　entered my landscape painting in an art contest
市のオーケストラのオーディションを受けた　auditioned for the city orchestra

B 雑誌で自分の俳句を目にして　to see my haiku in the magazine
1等賞を取って　to win the first prize
レースでどれだけよい成績を収めたか　at how well I did in the race
うれしい結果に　at the happy outcome

C 写真撮影がとても上手だ　I could be so good at photography
そんなにうまく歌える　I could sing that well
その程度まで走るだけの体力がある　I had enough stamina to run that far
誰かが私の絵を気に入ってくれるだろう　anyone would like my paintings
私の芸術作品がギャラリーに受け入れられる　my artwork could be accepted by a gallery

55　決心（目標を立てる）　よし、がんばるぞ！　p. 130

A　ロッククライミングに夢中だ　I'm fascinated by rock climbing
生け花に熱中している　I'm passionate about flower arrangement
サイクリングに熱中している　I'm enthusiastic about cycling
書道に強い興味がある　I have a strong interest in Japanese calligraphy

B　自分に自信を持つだろう　I'll build more confidence in myself
もっとそれを楽しめるだろう　I'll be able to enjoy it more
もっと上手になるだろう　I'll become more skillful

C　できるだけたくさん釣りを楽しむ　enjoy fishing as much as possible
スキルを上達させるためにもっとレッスンを受ける　take more lessons to improve my skills
練習するための時間をもっと見つける　find more time to practice
用品をもっと買う　buy more equipment

56　心配（相談事）　彼女のことが心配　p. 132

A　仕事の割り当てに満足していない　is not feeling happy about her job assignment
数週間落ち込んでいる　has been down for a couple of weeks
要求の厳しい上司にイライラしてきている　has become irritated by her demanding boss

B　彼女の心配事を尋ねるつもりだ　I'm going to ask her about her worries
どうしたのか聞いてみるつもりだ　I'm going to ask her what's wrong
彼女の助けになりたい　I want to be of help to her
彼女を支えるために何かしたい　I want to do something to support her

C　彼女が気楽にやっていける　she can take it easy
彼女がストレスを発散できる　she can release some stress
彼女がよい解決策を見つけられる　she can find a good solution
彼女がもっと自分の感情を示すことができる　she can show her feelings more
彼女が自分のペースで仕事ができる　she will be able to work at her own pace
彼女が無理し過ぎない　she won't push herself too hard

57 誇り（よくやった）**すごいぞ、自分！** p. 134

A 私のビジネスレポートが社長にほめられた　my business report was praised by the company president
娘が入試に合格した　my daughter passed the entrance exam
息子が学校の劇で主役の座を得た　my son got the leading role in a school play
息子が野球部でレギュラーになった　my son became a starting member of the baseball team

B 彼女を非常に誇りに思っている　I'm extremely proud of her
彼女は自分のことを誇りに思うべきだ　she should be proud of herself
彼は自分の成功に満足している　he is happy with his success
彼が自分のことを誇りに思うのは当然だ　he has every right to be proud of himself

C 自分のスキルをもっと磨くつもりだ　I intend to improve my skills more
自分のがんばりをもっと信じることができる　I can believe in my hard work more
息子のことをますます信頼している　I have more confidence in my son
彼の母親であることをこれまで以上に誇りに思う　I'm prouder than ever to be his mother＊
＊この表現を使う場合は、p. 134の例文3.の文末のthan everは不要です。

58 いい気分（ほめられた）**うれしかった** p. 136

A 髪を短く切ってもらった　had my hair cut short
髪を明るい茶色に染めてもらった　had my hair colored light brown
紙にパーマをかけてもらった　had my hair permed

B お母さんが私の服装をじろじろ見た　My mom looked up and down at my outfit
クライアントが私の新しいジャケットをよく見た　My client took a good look at my new jacket
友人の1人が私の新しいネックレスに気づいた　A friend of mine noticed my new necklace

C 自分の髪形がとても好評だったことを知って　to find out my hairstyle was so well received
彼女が私の新しい髪形を気に入ったことが　that she liked my new hairstyle
私のピンクのスーツがとてもおしゃれだと思われたことが　that my pink suit was considered so fashionable

59 複雑（いろいろな立場） **彼一人が悪いわけじゃない**　　p. 138

A ケンの自分本位の態度　Ken's self-centered attitude
彼が時々彼女に対して口にする心無いこと　the thoughtless things Ken sometimes says to her
ケンの無神経な行動　Ken's insensitive behavior

B どちらにも一理あると思う　I think they both have a point
ケンに同意したくなるところもある　I'm inclined to agree with Ken
アキにも責任があると思う　I believe that some fault also lies with Aki
アキはあまりケンのあら探しをしないほうがいいと思う　I believe that Aki shouldn't find so much fault with Ken

C ケンはこの口論を深刻には受け止めないだろう　Ken won't take the argument too seriously
アキのほうから謝るだろう　Aki will be the first one to say sorry
きっと時間がこの問題を解決する　time is sure to solve the problem
これで彼女たちの関係が変わることはないだろう　this won't change their relationship

60 感動（スポーツ観戦） **最もエキサイティングな瞬間**　　p. 140

A バッターを三振に打ち取った　struck out the batter
5回を投げた　pitched five innings
9回表にツーランホームランを打った　hit a two-run homer in the top of the ninth
7回裏に一塁打を打った　hit a single in the bottom of the seventh

B ファンが熱狂した　the fans went wild
ファンは彼らが勝つように祈っていた　the fans were praying they would win
サポーターが旗を振った　the supporters waved their banners
サポーターが審判にブーイングをした　the supporters booed the referee

C 試合で最速の投球　the fastest pitch of the game
試合で最もよいタックルの1つ　one of the best tackles of the game
ピッチャーを交代させる適切な時　an appropriate time to change the pitchers
チームが決勝戦に進んだ瞬間　the moment the team proceeded to the finals

61 応援（声援を送る） **大好きなチームを応援する** p. 142

A 日本シリーズの試合を見るために to watch the Japan Series game
首位攻防戦を見るために to see the deciding game
シーズンの最も重要な試合を見るために to see the most important game of the season

B 心ゆくまで大声を出す機会 a chance to yell to my heart's content
旧友たちと会う機会 a chance to meet my old friends
自分の元気を回復する機会 an opportunity to recharge my energy

C 自分のチームが点を入れた瞬間 The moment our team scores
応援席の雰囲気 The atmosphere of the cheering section
ラッパと太鼓の音 The sound of horns and drums

 62 満足（評価された） **上司のうれしい一言** p. 144

A 不安で上司を見た I was nervous and looked at my boss
不安げに顧客を見た I looked at my clients nervously
聴衆がどう思っているか分からなかった I didn't know what the audience was thinking

B あなたのメッセージは効果的に伝わった Your message got through effectively
本当にいいプレゼンをしてくれてうれしい I'm glad you made such a good presentation
あなたを発表者に選んだのは正しかった I was right to choose you as a presenter

C 上司が私の仕事を評価してくれた my boss valued my work
上司が私のプレゼンに満足してくれた my boss had been satisfied with my presentation
顧客が私たちの製品に興味を持っている my clients were interested in our products
自分のがんばりが報われた my hard work had paid off

63 達成感（ひと仕事終わった） 称賛に値する p. 146

A とても多くの人がイベントに来た　so many people came to the event
司会者としていい仕事をした　I did a good job as the MC*
*MC = Master of Ceremonies
自分の計画がうまくいった　my plan worked out well

B 私が払ったあらゆる努力　every effort I made
私が行った全ての入念な準備　all the careful preparation I did

C 私と一緒にイベントに一生懸命取り組んだ人たちにお礼を言うこと　to say thanks to those who worked so hard on the event with me
短い休暇を取ってくつろぐこと　to have a short vacation and relax
家に帰ってぐっすり眠ること　to go home and have a good night's sleep

64 ポジティブ（よりよい生き方） 小さな幸せ貯金 p. 148

A 学生たちがごみを拾っているのを見た　I saw students picking up litter
おしゃれな新しいカフェを見つけた　I found a fashionable new cafe
近所の人とちょっと立ち話をした　I had a short chat with my neighbor
夫と私で短い散歩をした　My husband and I went for a short walk

B 自分の生活をもっと楽しむのに役立つ　help me enjoy my life more
今日一日、幸せな気持ちで過ごさせてくれる　make me happy for the rest of the day
平凡な生活の大切さを思い出させてくれる　remind me of the importance of ordinary life
人生で何が大切かを思い出させてくれる　remind me what is important in life
人を笑顔にできる　make you smile

C 自分の人生に対してもっとポジティブな態度を持つこと　to have a more positive attitude toward my life
自分の平穏な生活にもっと満足すること　to be more satisfied with my peaceful life
人生にはお金や仕事よりも大事なものがたくさんあることを覚えておくこと　to remember there's much more to life than money and work

65 好奇心（知的生活） **忘れかけていた好奇心** p. 160

A 周囲の物についてとてもたくさん質問をする　asks so many questions about things around her
世界は謎に満ちていると思っている　thinks the world is full of mysteries

B 全てのことについて知りたかった　I wanted to find out about everything
学ぶことにとても熱心だった　I was very eager to learn about things
何でも達成できると思っていた　I believed I could achieve anything
彼女ほど好奇心が旺盛ではなかった　I wasn't as curious as her

C 新しいことに挑戦して新しい人たちと出会おう　am going to try new things and meet new people
ほかの外国語を学び始めよう　am going to start learning another foreign language
刺激を与えてくれる趣味を見つけよう　am going to find a hobby that inspires me
ダンスのレッスンか何か習ったほうがいい　should take dance lessons or something

石原真弓（いしはら まゆみ）

英語学習スタイリスト。高校卒業後、アメリカに留学。コミュニティカレッジ卒業後、通訳に従事。帰国後は、英会話を教える傍ら、執筆やメディア出演、スピーチコンテスト審査員、講演などで幅広く活躍。30年以上書き続けている英語日記や英語手帳の経験をもとに、身の回りのことを英語で発信する学習法を提案している。主な著書に、『英語日記ドリル［Complete］』『英語日記ドリル［Plus］』『えいごアタマをつくる 英会話5つの法則』（アルク）、『まいにち英会話』『気持ちを表す英単語辞典』（ナツメ社）、『新 英語で日記を書いてみる』『今すぐ言える！英会話フレーズブック』『英語日記パーフェクト表現辞典 改訂版』（Gakken）、『ミニマル英会話』（ジャパンタイムズ出版）、「ディズニーの英語」シリーズ（KADOKAWA）など。中国語や韓国語に翻訳された著書も多数。

英語でポジティブ日記

発行日　2024年3月15日（初版）

著者：石原真弓
編集：株式会社アルク 出版編集部
編集協力：熊文堂
校正：Peter Branscombe、Margaret Stalker
デザイン・イラスト：山口桂子（atelier yamaguchi）
ナレーション：Carolyn Miller
録音・編集：株式会社ジェイルハウス・ミュージック
DTP：株式会社創樹
印刷・製本：萩原印刷株式会社

発行者：天野智之
発行所：株式会社アルク
　　　　〒102-0073　東京都千代田区九段北4-2-6 市ヶ谷ビル
　　　　Website：https://www.alc.co.jp/

地球人ネットワークを創る

アルクのシンボル
「地球人マーク」です。